U0584404

道路桥梁建设与工程项目管理研究

王香允　李家顺　彭囿朗 ◎ 著

吉林科学技术出版社

图书在版编目（CIP）数据

道路桥梁建设与工程项目管理研究 / 王香允，李家
顺，彭囿朗著. -- 长春：吉林科学技术出版社，2023.6
ISBN 978-7-5744-0615-5

Ⅰ．①道… Ⅱ．①王… ②李… ③彭… Ⅲ．①道路施
工－工程项目管理－研究②桥梁施工－工程项目管理－研
究 Ⅳ．①U415.11②U445.1

中国国家版本馆 CIP 数据核字（2023）第 131041 号

道路桥梁建设与工程项目管理研究

著	王香允　李家顺　彭囿朗
出 版 人	宛　霞
责任编辑	穆　楠
封面设计	金熙腾达
制　　版	金熙腾达
幅面尺寸	185mm×260mm
开　　本	16
字　　数	260 千字
印　　张	11.5
印　　数	1-1500 册
版　　次	2023年6月第1版
印　　次	2024年2月第1次印刷

出　　版	吉林科学技术出版社
发　　行	吉林科学技术出版社
地　　址	长春市福祉大路5788号
邮　　编	130118
发行部电话/传真	0431-81629529 81629530 81629531
	81629532 81629533 81629534
储运部电话	0431-86059116
编辑部电话	0431-81629518
印　　刷	三河市嵩川印刷有限公司

书　　号	ISBN 978-7-5744-0615-5
定　　价	70.00元

版权所有　翻印必究　举报电话：0431-81629508

前　言

现代城市道路系统作为城市基础设施的重要组成部分，具有城市交通、市政设施敷设、改善城市景观等多种功能，它是城市建设水平和经济发展水平的重要体现。尤其在我国城镇化发展的攻坚阶段，更加需要我们依据规律化发展战略原则，寻找并解决我国城市道路建设中存在的问题。此外，城市道路也是城市社会活动和经济活动的纽带，其对城市综合功能的实现发挥着举足轻重的作用。随着我国改革开放的不断深入以及国民经济的快速发展，我国城市化的步伐不断加快，城市基础设施建设特别是城市道路建设力度也在逐渐加大，对于我们广大的城市道路建设者来说，这既是机遇又是挑战。当前，民众对道路的要求，不但要具有运输和服务功能，而且要具有设施铺设和绿化城市的功能，道路应成为体现城市建设程度和经济发展水平的最主要指标之一。

桥梁是交通运输的咽喉，是城市的生命线工程，在城市发展过程中具有非常重要的地位。而在我国经济快速发展交通越来越便捷的同时，外界环境对桥梁的影响也越来越大，一旦桥梁遭遇偶然事件或因功能退化而发生坍塌，将直接危害出行者的生命，同时给国家造成不可估量的经济损失，这将在社会上产生强烈反响。

本书是属于道路桥梁建设及项目管理方面的著作。首先，从道路桥梁工程施工技术入手，针对路基施工技术、路面施工技术以及桥梁基础施工技术进行了分析研究；其次，对道路桥梁工程施工组织及安全管理、工程建设项目进度管理以及工程建设项目风险管理做了一定的介绍；最后，还对工程建设项目造价管理、道路桥梁工程项目管理优化创新做了简要分析。旨在摸索出一条适合道路桥梁建设与工程项目管理工作创新的科学道路，帮助其工作者在应用中少走弯路，运用科学方法，提高效率。

在本书写作的过程中，参考了许多资料以及其他学者的相关研究成果，在此表示由衷的感谢。鉴于时间较为仓促，水平有限，书中难免出现一些谬误之处，因此恳请广大读者、专家学者能够予以谅解并及时进行指正，以便后续对本书做进一步的修改与完善。

目 录

第一章 道路桥梁工程施工技术

第一节 道路工程施工技术概述

一、道路的分类及其工程组成

道路工程是供各类无轨车辆和行人等通行的基础设施。道路是一种带状构筑物，它的中心线是一条空间曲线，它具有高差大、曲线多且占地狭长的特点。道路工程施工图的表现方法与其他工程图有所不同。道路工程施工图由平面图、纵断面图、横断面图及构造详图组成。

（一）道路的分类

道路作为一个总称，它可分为城市道路、公路、农村道路、专用道路。

1.城市道路

城市道路是在城市范围内，联系各组成部分，并供车辆及行人通行的、具备一定技术条件和设施的道路。按在道路系统中的地位、交通功能与对沿线建筑物的服务功能等来划分，城市道路可分为快速路、主干路、次干路与支路。

（1）快速路是为较高车速的长距离交通而设置的重要道路。快速路对向车道之间应设中间带以分隔对向交通，当有自行车通行时，应加设两侧带。快速路与高速公路、快速路、主干路相交时，必须采用立体交叉；与交通量较小的次干路相交时，可采用平面交叉；与支路不能直接相交。在过路行人集中地点应设置过街人行天桥或地下通道。

（2）主干路是城市道路网的骨架，为连接城市各主要分区的交通干路，以交通功能为主。自行车交通多时，宜采用机动车与非机动车分流形式，如三幅路或四幅路。

（3）次干路是城市的交通干路，兼有服务功能。次干路配合主干路组成道路网，起广泛连接城市各部分与集散交通的作用。

（4）支路是次干路与街巷路的连接线，解决局部地区交通，以服务功能为主。街巷内部道路，作为街巷建筑的公共设施组成部分，不列入等级道路以内。

2.公路

公路是指在城市以外，连接相邻市县、乡村、港口、厂矿和林区等，主要供汽车行驶，且具备一定技术条件和交通设施的道路。根据其功能、使用任务和远景交通量等综合因素可分为五个等级：高速公路、一级公路、二级公路、三级公路和四级公路。

（1）高速公路为专供汽车分向、分车道行驶，并应全部控制出入的多车道公路，一般能适应将各种汽车折合成小客车的远景设计年限年平均昼夜交通量25 000辆以上（四车道：25 000～55 000辆；六车道：45 000～80 000辆；八车道：60 000～100 000辆）。

（2）一级公路为供汽车分向、分车道行驶，并可根据需要部分控制出入及部分立体交叉的多车道公路，一般能适应将各种汽车折合成小客车的远景设计年限年平均昼夜交通量15 000～55 000辆（四车道：15 000～30 000辆；六车道：25 000～55 000辆）。

（3）二级公路为供汽车行驶的双车道公路，一般能适应将各种汽车折合成小客车的远景设计年限年平均昼夜交通量7500～15 000辆。

（4）三级公路为主要供汽车行驶的双车道公路，一般能适应将各种汽车折合成小客车的远景设计年限年平均昼夜交通量2000～6000辆，为沟通县及县以上城市的一般干线公路。

（5）四级公路为主要供汽车行驶的双车道或单车道公路，一般能适应将各种汽车折合成小客车的远景设计年限年平均昼夜交通量2000辆（单车道400辆）以下，为沟通县、镇、乡的支线公路。

公路按其重要性和使用性质又可分为国家干线公路（国道）、省级干线公路（省道）、县级公路（县道）和乡级公路（乡道）。

3.农村道路

农村道路一般是指在农村中联系乡、村、居民点的主要道路，其交通性质、特点、技术标准要求等均与公路不同。

4.专用道路

专用道路包括厂矿道路和林区道路。厂矿道路是指修建在工厂、矿区内部，以及厂矿到公路、城市道路、车站、港口衔接处的对外连接段，主要为工厂、矿山运输车辆通行的道路。林区道路是指修建在林区，主要供各种林业运输工具通行的道路。

（二）道路工程的组成

道路工程的基本组成部分包括：路床、路基、路面、桥梁、涵洞、隧道、防护与加固工程、排水设施、山区特殊构造物，城市道路还包括各种管线等，以及为保证汽车行驶的安全、畅通和舒适的各种附属工程，如公路交通安全设施、路用房屋、综合服务区（加油站、维修站、餐饮、宾馆等）及绿化栽植等。此外，还包括为防止路基填土或山坡土体坍塌而修筑的承受土体侧压力的挡土墙，以及为保持路基稳定和强度而修建的地表和地下路基排水设施，包括边沟、截水沟、排水沟、急流槽、渗沟、渗水井等。

二、道路工程施工的一般特点

新建、改造或扩建的道路工程，其施工都不同程度地呈现以下特点：

1.道路工程是固定在土地上的构筑物，而施工生产是流动的，所以道路工程施工组织是复杂的，这是区别于工业生产的最根本特点。由于道路工程的流动性，就需要把众多的劳力、施工机具、材料，在时间和空间上加以合理的组织，从而使它们在线性的施工现场按照科学的施工顺序流动，不致互相妨碍而影响施工，这是施工组织的重要内容。

2.道路工程施工规模大、周期长，施工组织工作十分艰巨。由于道路工程往往工程量较大，需要消耗大量的人力和物力，施工组织工作不仅要做好统筹部署，还要考虑各种不同工种之间的开竣工的衔接，只有这样，才能保证公路工程施工生产连续且有序地进行。

3.道路工程施工是在室外进行的，气候和自然条件的影响与制约，决定了公路施工组织工作的特殊性和不能全年连续均衡地进行施工生产。因此，在施工组织中，要对雨季、冬季和高温季节采取特殊的技术措施和施工方法，在高空和地下作业则要采取必要的防护措施，并尽可能连续而均衡地进行施工，注意避免气候、自然条件对施工生产所产生的不利影响，以确保工程质量和施工安全及工期要求。

综上所述，道路工程施工的特点集中表现在施工条件复杂多变，给施工生产活动带来很大的困难，故要求针对道路工程的不同对象、不同的施工条件，从实际出发，充分做好准备工作，包括施工管理和组织计划工作。施工中实行流水作业，严格施工管理，健全岗位责任制，加强质量保证体系工作，每道工序都要严格把关，前一道工序未经验收不得进行下一道工序，稳妥而科学地做好施工组织工作。

三、道路工程施工的基本程序

道路工程施工的基本程序是指施工单位从接受施工任务到工程竣工阶段必须遵守的工作程序。

（一）施工准备工作

施工准备工作是为拟建工程的施工建立必要的技术和物质条件，统筹安排施工力量和现场。施工准备工作也是施工企业搞好目标管理、推行技术经济承包的依据。

为了保证施工顺利进行，在施工准备阶段，建设主管部门应根据计划要求的建设进度指定一个企业或事业单位组织基建管理机构，办理登记及拆迁，做好施工沿线有关单位和部门的协调工作，抓紧配套工程项目的落实，组织施工范围内的技术资料、材料、设备的供应；勘测设计单位应按照技术资料供应协议，按时提供各种图纸资料，做好施工图纸的会审及发放工作；施工单位应组织机具、人员进场，进行施工测量，修筑便道及生产、生活等临时设施，组织材料、物资采购、加工、运输、供应、储备，做好施工图纸的接收工作，熟悉图纸的要求。

（二）组织施工

施工准备就绪后，施工单位向上一级单位提交开工申请，主管技术部门报监理工程师，由总监理工程师下达开工命令。施工单位要遵照施工程序和施工组织计划中所拟定的施工方法合理组织施工。施工过程中应严格按照设计要求和施工规范施工，确保工程质量，安全施工。推广应用新工艺、新技术，努力缩短工期，降低造价，同时应注意做好施工记录，建立技术档案。

组织施工应具备的文件有：①设计文件；②施工规范和技术操作规程；③各种定额；④施工图预算；⑤施工组织设计；⑥道路工程质量检验评定标准和施工验收规范。

（三）竣、交工验收，交付使用

竣工验收阶段主要工作是检查施工合同的执行情况，评价工程质量，对各参建单位工作进行初步评价。各合同段的设计、施工、监理等单位参加竣工验收工作，由项目法人负责组织。公路工程竣工验收工作一般按合同段进行，并应具备以下条件：合同约定的各项内容已全部完成；施工单位按《公路工程质量检验评定标准》及相关规定对工程质量自检合格；监理单位对工程质量评定合格；质量监督机构按《公路工程质量鉴定办法》对工程质量进行检测；竣工文件按要求完成，施工单位、监理单位完成本合同段的工作总结报告。

交工验收阶段主要工作是对工程质量、参建单位和建设项目进行综合评价，并对工程建设项目做出整体性综合评价。交工验收时成立竣工验收委员会，由交通运输主管部门、公路管理机构、质量监督机构、造价管理机构等单位代表组成。公路工程交工验收应具备以下条件：通车试运营2年以上；交工验收提出的工程质量缺陷等遗留问题已全部处理完毕，并经项目法人验收合格；工程决算编制完成，并经交通运输主管部门或其授权单位认定；档案、环保等单项验收合格；各参建单位完成工作总结报告；质量监督机构对工程质量检测鉴定合格，并形成工程质量鉴定报告。

四、道路工程施工准备工作

道路工程施工前施工单位的准备工作，是为了保证施工正常进行而必须做好的一项重要工作。它之所以重要，是因为道路施工是一项非常复杂的生产活动，需要处理一系列复杂的技术问题，耗用大量的物资，使用众多人力和动用机械设备资源，所遇到的条件也是多种多样的，因而，施工前准备工作考虑的影响因素越多，准备工作做得越充分，则施工越顺利。

施工企业在投标时应成立工程项目部，施工单位在获得工程任务并与建设单位签订工程施工承包合同后，应按照合同的要求着手进行施工准备工作。施工准备工作分为组织准备、技术准备、物资准备和施工现场准备四方面。

（一）组织准备工作

组织准备工作主要是建立和健全施工组织管理机构，制定施工管理制度，明确施工任务，确立施工应达到的目标。施工组织管理机构是为完成道路工程施工而设置的负责现场指挥、管理工作的组织机构，一般由项目经理部及下设各职能部门组成。建立严格的责任制，按计划将责任预先落实到有关部门甚至个人，同时明确各级技术负责人在施工准备工作中所负的责任，从而充分调动各部门和技术人员的积极性，使他们责任、权利相统一。建立完善的施工管理制度是公路施工管理的核心。施工管理制度包括施工计划管理制度、工程技术管理制度、工程成本管理制度、施工质量安全管理制度等。

（二）技术准备工作

技术准备工作，即通常所说的"内业"工作，它是工程顺利实施的基础和保证。技术准备工作的好坏，直接影响到工程的进度、质量和经济效益，因此必须高度重视。技术准备工作的内容主要包括熟悉和审核图纸，深化施工组织设计，设计交桩和技术交底及建立工地试验室。

1.熟悉和审核图纸，深化施工组织设计

项目负责人组织有关人员对施工图纸和资料进行学习和自审，如有疑问，应做好统计，在业主召开的设计交底和图纸会审中提出，请上级部门给予解答。

施工组织设计是全面安排施工生产的技术经济文件，是指导施工的主要依据。施工组织设计是以一个建设施工项目为编制对象，用以规划整个拟建工程施工活动的技术经济文件。它是整个项目施工任务总的战略性部署安排，主要内容包括工程概况、施工布置与施工方案、施工总进度计划、施工准备工作及各项资源需要量计划、施工总平面图、主要技术组织措施及主要技术指标。

2.设计交桩和技术交底

建设单位负责人召集设计、施工、监理、科研人员参加图纸会审会议。设计人员向施工方做图纸交底，讲清设计意图和对施工的主要要求，并对设计桩点进行复测交接。施工人员应对图纸和有关问题提出质询。最终由设计单位对图纸会审中提出的合理化建议，按程序进行变更设计或做补充设计。

3.建立工地试验室

工地试验室是为施工现场提供直接服务的试验室，主要任务是配合路基、路面、桥涵等工程施工，对工地使用的各种原材料、加工材料及结构性材料的物理力学性能，以及施工结构体的几何尺寸等进行检测。工地试验室的作用是通过各种材料试验，选用合适的材料及其性能参数，以保证工程结构物的强度和耐久性，并有利于掌握各种材料的施工质量指标，保证结构物的施工质量。工地试验室的试验检测人员必须是具有试验检测资质的检测机构的正式持证注册人员。

施工前的准备工作带有全局性，它是组织施工的第一步，没有这项工作，工程就不能顺利开工，更不能连续施工。没有准备的施工或准备不充分的施工，均会使以后施工难以顺利进行。

（三）物资准备工作

物资准备工作是指施工中必需的劳动手段和施工对象的准备。它是根据各种物资需要量计划，分别落实货源、组织运输和安排储备，以保证连续施工的需要。物资准备是各种材料与机具设备购置、采集、调配、运输和储存，临时便道及工程房屋的修建，供水、供电、必需生活设施等的安装及建设等工作。

在道路施工前，各种生产、生活需用的临时设施，如各种仓库、搅拌站、预制构件厂（站、场）、各种生产作业棚、办公用房、宿舍、食堂、文化设施等均应按施工组织需要的数量、标准、面积、位置等在施工前修建完毕。修建完毕各种生产、生活需用的临时设施后，应及时根据施工组织设计确定的材料、半成品，预制构件的数量、品种、规格，以及施工机具设备，编制好物质供应计划，按计划订货和组织进货，按照施工平面图要求在指定地点堆存或入库；对砂子、碎石、钢材等材料应提前做各种试验，确定其是否满足设计要求；对各种标号混凝土提前做好其配比；对施工将用的施工机械和机具需用量进行计划，按计划进场安装、检修和试运转。

施工队应提早调整，健全和充实施工组织机构，进行特殊工种、稀缺工种的技术培训和持证上岗，提前预招临时工和合同工，落实具有相应资质的专业施工队伍和外包施工队伍。同时，根据地理位置、气候条件，夏、冬、雨季施工也应做些适当准备。

（四）施工现场准备工作

1.恢复定线测量

恢复定线测量的主要程序为：①检查工程原测设的所有永久性标桩；②复测；③将施工中所有的标桩进行加固保护，并对水准点、三角网点等设立易于识别的标志；④向监理工程师提供全部的测量标记资料；⑤完成全部恢复定线、施工测量设计和施工放样；⑥各合同段衔接处的测量应在监理工程师的统一协调下由相邻两合同段的承包人共同进行，将测量结果协调统一在允许的误差范围内。

2.建造临时设施

（1）工地临时房屋设施包括行政办公用房、宿舍、文化福利用房及作业棚等。其需要量根据职工与家属的总人数和房屋指标来确定。

（2）仓库用来存放施工所需要的各种物资器材，按物资的性质和存放量要求，其形式可以是露天、敞棚、房屋或库房。仓库物资贮存量应根据施工条件通过计算确定。

3.临时交通便道

在工地布设临时交通便道时应遵循下列原则：

（1）临时交通道路以最短距离通往主体工程施工场所，并连接主干道路，使内外交通便利；

（2）充分利用原有道路，对不满足使用要求的原有道路，应在充分利用的基础上对其进行改建，节约投资和施工准备时间；

（3）在本工程的施工与现有的道路、桥涵发生冲突和干扰之处，承包人都要在本工程施工之前完成改道施工或修建临时道路；

（4）利用现有的乡村道路作为临时道路，应将该乡村道路进行修整、加宽、加固及设置必要的交通标志，并经监理工程师验收合格后方可通行；

（5）工程施工期间，应配备人员对临时道路进行养护，以保证临时道路的正常通行；

（6）尽量避开洼地和河流，不建或少建临时桥梁。

4.工地临时用电

施工现场用电，包括生产用电和生活用电。其中，生活用电主要是照明用电；生产用电包括各种生产设施用电、主体工程施工用电、其他临时设施用电。

5.工地临时用水

根据施工现场平面布置图中的临时用水设计方案，做好施工现场的正常施工、生活和消防的临时用水管线铺设工作。

五、道路工程施工常用机械

（一）土石方机械

1.推土机

推土机是一种多用途的自行式土方工程建设机械，它能铲挖并移运土壤。例如，在道路建设施工中，推土机可完成：路基基底的处理；路侧取土横向填筑高度不大于2m的路堤；沿道路中心线铲挖移运土壤的路基挖填工程；傍山取土修筑半堤半堑的路基。推土机还可用于平整场地、局部碾压、给铲运机助铲和预松土、堆集松散材料、清除作业地段内障碍物，以及牵引各种拖式土方机械等作业。

推土机按行走装置不同分为履带式和轮胎式，按工作装置不同分为固定式铲刀（直铲）和回转式铲刀（斜铲），按操纵方式不同分为钢丝绳机械操纵和液压操纵等类型。对工程量较为集中的土石方工程一般采用液压操纵的履带式推土机。推土机适用的经济运距为 50 ~ 100m，不宜超过 100m。

2. 铲运机

铲运机是一种利用铲头在随机械一起行进中依次完成铲削、装载、运输和铺筑的铲土运输机械。它广泛用于公路、铁路、水利、港口及大规模的建筑等施工中的土方作业。铲运机按行走方式不同分为有牵引式（拖式）和自行式，按操纵方式不同分为机械传动、液压传动、电力传动和静压传动等类型。在施工作业时，铲运机作业的卸土有强制式、半强制式、自行式卸土三种。铲运机的特点是能独立完成铲土、运土、卸土、填筑、压实等工作。铲运机对行驶道路要求较低，常用于坡角在 20° 以内的大面积场地平整，开挖大型基坑、沟槽，以及填筑路基等土方工程。

一般来说，铲运机可在 Ⅰ ~ Ⅳ 类土中直接挖土、运土，适宜运距为 600 ~ 1500m，当运距为 200 ~ 350m 时效率最高。铲运机的经济运距和行驶道路坡度是铲运机选型的重要依据。如果运距短、坡度大、路面松软，以选择拖式铲运机为宜；如果运距较长、坡度大，宜采用双发动机驱动的自行式铲运机比较经济；如果路面较平坦，则选用单发动机驱动的自行式铲运机较为经济。铲运机适用于中等运距（100 ~ 200m）和道路坡度不大条件下的大量土方转移工程。如果运距太短（100m 以内），采用铲运机是不经济的。这时采用推土机或轮胎式装载机自装自运较为适宜，运距特长（200m 及 200m 以上）则采用自卸汽车较为经济。

3. 单斗挖掘机

单斗挖掘机是一个刚性或挠性连续铲斗，以间歇重复式循环进行工作，是一种周期作业自行式土方机械。当场地起伏高差较大、土方运输距离超过 1000m，且工程量大而集中时，可采用单斗挖掘机挖土配合自卸汽车运土，并在卸土区配备推土机平整土堆。

单斗挖掘机有内燃驱动、电力驱动、复合驱动的装置，挖斗有正铲挖掘机、反铲挖掘机、拉铲挖掘机、抓铲挖掘机等形式。正铲挖掘机的特点是"前进向上，强制切土"，能开挖停机面以上的 Ⅰ ~ Ⅳ 级土，适用在地质较好、无地下水的地区工作。反铲挖掘机的特点是"后退向下，强制切土"，能开挖停机面以下的 Ⅰ ~ Ⅳ 级土，适宜开挖深度 4m 以内的基坑，对地下水位较高处也适用。拉铲挖掘机的特点是"后退向下，自重切土"，能开挖停机面以下的 Ⅰ ~ Ⅳ 级土，适宜大型基坑及水下挖土。抓铲挖掘机的特点是"直上直下，自重切土"，特别适于水下挖土。

4. 装载机

装载机具有轮胎式及履带式的全回转式、半回转式和正回转式三种形式。它的优点是兼有推土机和挖掘机两者的工作能力，适应性强、作业效率高、操纵简便。

装载机常用于公路建设中的土石方铲运，以及推土、起重等多种作业。在运距不大或运距和道路坡度经常变化的情况下，如采用装载机与自卸车配合使用装运作业，会使工效下降，费用增高。在这种情况下，可单独采用装载机作为自铲运设备。

5. 平地机

平地机是用装在机械中央的铲土刮刀进行土壤的切削、刮送和整平连续作业，并配有其他多种辅助作业装置的轮式土方施工机械。当配置推土铲、土耙、松土器、除雪犁、压路辊等附属装置、作业机具时，平地机可进一步扩大使用范围，提高工作能力或完成特殊要求的作业。

平地机主要用于修筑路基路面横断面、路基边坡整理工程的刷坡作业，开挖边沟及路槽，平整场地等；还可用来在路基上拌和路面材料、摊铺材料，修整和养护土路基路面，推土，疏松土壤，清除杂物、石块和积雪等。

（二）压实机械

压路机一般分为光轮压路机、轮胎压路机和振动压路机三种。光轮压路机的自重可以在一定范围内调整以改变单位线压力，一般用于整理性压实工作，对于容重要求较低的黏性土、砂砾料、风化料、冲击砾质土较为适合。轮胎压路机具有弹性，在碾压时与土体同时变形，其碾压作用力主要取决于轮胎的内压力。接触面积与压实深度有着密切的关系，为了得到较大的接触面积，又增加压实深度，在轮胎允许范围内尽可能增加轮胎碾的负荷。一般地，刚性碾轮由于受到土壤极限强度的限制，机重不能太大，而轮胎碾则没有这个缺点，所以轮胎碾适合于压实黏性土及非黏性土，如壤土、砂壤土、砂土、砂砾料等土质，同时对于路面施工也常常采用。振动压路机俗称振动碾，其主要优点有：一是单位面积压力大，可适当增加压实厚度，碾压遍数也可适当减少；二是结构重力小，外形尺寸小。其最大缺点就是振动及噪声大，易使机械手过度疲劳。

六、道路工程现场施工安排

道路施工是一项非常复杂的生产活动，它不仅需要有诸如进度计划、质量和成本等实际管理和劳动力、建设物资、工程机械、工程技术及财务资金等诸要素管理，而且要为完成施工目标和实现组织施工要素的生产事务服务，否则就难以充分地利用施工条件，发挥施工要素的作用，甚至无法进行正常的施工活动，实现施工目标。

（一）现场施工管理基本任务

现场施工管理的基本任务是根据生产管理的普遍规律和施工的特殊规律，以每一个具体工程和相应的施工现场为对象，正确地处理好施工过程中的劳动力、劳动对象和劳动手段的相互关系及其在空间布置上和时间安排上的各种矛盾，做到人尽其才、物尽其用，安全地完成施工任务。

（二）现场施工管理基本内容

现场施工管理包括以下基本内容：

（1）编制施工作业计划并组织实施，全面完成计划指标；（2）做好施工现场的平面布置，合理利用空间，创造良好的施工条件；（3）做好施工中的调度工作，及时协调施工工种和专业工种之间，以及总包与分包之间的关系，组织交叉施工；（4）做好施工过程中的作业准备，为连续施工创造条件；（5）保护施工环境，节约社会资源，建设优良工程；（6）科学合理地设置管理机构，保证现场管理全面协调运作；（7）认真填写施工日志、施工记录及施工影像资料，为交工验收和技术档案积累资料。

（三）道路施工组织管理内容

道路工程施工要多快好省地完成施工生产任务，必须有科学的施工组织，并合理地解决好一系列问题，其具体任务如下：

1.确定开工前必须完成的各项准备工作。

2.计算工程数量，合理部署施工力量，确定劳动力、机械台班、各种材料、构件等的需要量和供应方案。

3.确定施工方案，选择施工器具。

4.安排施工顺序，编制施工进度计划。

5.确定工地上的设备停放场、料场、仓库、办公室、预制场地等的平面布置。

此外，道路工程的施工总方案可以是多种多样的，应该依据道路工程具体特点、工期需求、劳动力数量及技术水平、机械设备能力、材料供应以及构件生产、运输能力、地质、气候等自然条件及技术经济条件进行综合分析，进行方案比选，选择最理想的施工方案。

把上述各项问题加以综合考虑，并做出合理的决定，形成指导施工生产的技术经济文件——施工组织设计。施工组织设计本身是施工技术准备工作，是指导施工的准备工作，是全面布置施工生产活动、控制施工进度、进行劳动力和机械调配的基本依据，对是否能多、快、好、省地完成道路工程的施工生产任务起着决定性作用。

七、道路工程安全文明施工和环境保护

（一）安全施工措施

在建筑安装施工生产中，有近80%的生产安全事故都是由于职工自身的不安全行为造成的。从构成事故的三因素，即人、机械、环境的关系分析，机械设备和环境相对比较稳定，唯有人是最活跃的因素，而人又是操作机械设备、改变环境的主体，因而，紧紧抓住"人"这个活跃因素，通过科学的管理，有效的培训和教育，正确的引导和宣传，以及合理、及时的班组安全活动，不断提高员工的安全素质，是做好安全生产管理工作的关键。

具体的安全保证措施有以下几点：

1.建立健全项目安全生产保证体系，实施安全生产责任制，确保各专业项目负责人及技术负责人对劳动保护和安全生产的工作负责。工程项目经理部必须建立安全生产领导小组，各班组设安全员，各作业点应有安全监督岗，并将安全生产责任制层层落实。

2.组织工程项目施工的安全教育和技术培训考核，对管理人员和施工操作人员，按其各自的安全职责范围进行教育，并建立安全生产奖惩制度，认真落实。

3.确保必需的安全投入。购置必备的劳动保护用品、安全设备及设施，确保完全满足安全生产的需要。另外，积极做好安全生产检查，发现事故隐患要及时整改。

4.所有工程在开工前必须编制有安全技术的施工组织设计（包括施工用电组织设计）及技术复杂的专项方案，必须严格审核批准手续、程序。必须逐级进行安全技术交底，技术交底应有书面资料或作业指导书（或操作细则）。技术交底针对性要强，并履行签字手续，保存资料。项目经理部安全员负责监督检查，严格按照安全技术交底的规定要求进行作业。

5.施工现场应实施机械安全管理及安装验收制度。使用的施工机械、机具和电气设备，在安装前，应当按照规定的安全技术标准进行检测，经检测合格后方可安装，机械安装要按平面布置进行。在投入使用前，应按规定进行验收，并办好验收登记手续。经验收，确认机械状况良好，能安全运行的，才准投入使用。所有机械操作人员都必须经过培训合格后，持证上岗。机械操作人员要进行登记存档，按期复验。使用期间，应当指定专人负责维护、保养，保证机械设备的完好率和使用率及安全运作。

6.安全检查由项目经理或主管施工生产负责人主持，项目经理部有关人员参加。对查出的隐患，要建立登记、整改、验证、消项制度，要定人、定措施、定经费、定完成日期，在隐患没有消除前，必须采取可靠的防护措施，如有危及人身安全的紧急险情，应立即停止作业。

7.施工现场临时用电要有施工组织设计或方案，应按《施工现场临时用电安全技术规范》（JGJ46—2005）的要求进行设计、验收和检查。临时用电还要有安全技术交底及验收表，要有变更记录，健全安全用电管理制度和安全技术档案。临时用电应落实四项技术措施：a.防止误触带电体的措施；b.防止漏电措施；c.实行安全电压措施；d.采用三相五线制。所有接地和重复接地电阻值，经检验应符合规范要求。

此外，在做好工地内安全工作的同时应对沿线居民做好安全宣传工作，提高广大行人的安全意识，确保在整个施工过程中无安全事故发生。

（二）文明施工措施

文明施工能够展示施工单位的形象，体现施工队伍的素质。施工的文明性主要包括场容场貌、料具管理及综合治理。

1.场容场貌

施工现场进出口大门外应悬挂"六牌二图"，即工程概况牌、管理人员名单及监督电话牌、现场出入制度牌、安全生产牌、消防保卫牌、文明施工牌和现场平面布置图、建筑物效果图。工地设有施工总平面图及安全生产、消防保卫、环境保护、文明施工等制度牌，施工危险区域或夜间施工均有醒目的安全警示标志，各类标牌整齐、规范。施工现场应将工程项目名称，建设、监理及施工单位名称，工程开、竣工时间等内容标注在醒目位置。

2.料具管理

施工现场外临时存放施工材料，须经有关部门批准，并应按规定办理临时占地手续。材料要码放整齐，符合要求，不得妨碍交通和影响市容，堆放散料时应进行围挡。料具和构配件应按施工平面布置图指定位置分类码放整齐。预制圆管、预制板等大型构件和大模板存放时，场地应平整夯实，有排水措施，码放应符合规定。施工现场的材料保管，应依据材料性能采取必要的防雨、防潮、防晒、防冻、防火、防爆、防损坏等措施。贵重、易燃、易爆和有毒物品应及时入库，专库专管，加设明显标志，并建立严格的领退料手续。

3.综合治理

要加强职工的教育，应经常对参与施工过程的职工（包括新入场的工人）进行文明施工的教育。除对全体职工进行文明施工教育外，还应分工种进行文明施工教育以及根据施工进度部位对职工进行有针对性的文明施工教育。此外，要加强对职工宿舍卫生的管理，生活污水要及时处理，做到生活区内无污水、无污物，不得出现废水乱流等现象。

（三）环境保护措施

依照国家、地方环境及相关法规，确定施工过程中要做的环境保护工作及具体的工作安排，使施工期的环境保护工作有序、有效进行，减少施工过程对周围环境造成的不利影响。环境保护的目标是：在工程施工期间，对废水、废气和固体废弃物进行全面控制，尽量减少这些污染排放所造成的影响，文明施工，保护农田和农作物。

施工中的环境污染问题，主要包括水污染、大气污染、噪声污染及固体废弃物污染等。针对这几种问题，有以下几种处理方法：

1.在开工前完成工地排水和废水处理设施的建设，保证工地排水和废水处理设施在整个施工过程的有效性，做到现场无积水，排水不外溢、不堵塞、水质达标。

2.对易产生粉尘、扬尘的作业面和装卸、运输过程，制定操作规程和洒水降尘制度，在旱季和大风天气适当洒水，保持湿度。合理组织施工，优化工地布局，使产生扬尘的作业、运输尽量避开敏感点和敏感时段（人群活动的时段），运输车辆应设有有效的封闭措施。易飞扬细颗粒散体物料尽量安排库内存放，堆土场、散装物料露天堆放场要压实、覆盖。此外，尽量使用清洁能源。

3.施工中各种临时设施和场地，如堆料场、加工厂、轧石厂、沥青厂等距居民区宜不小于300m，而且应设于居民区主要风向的下风处。使用机械设备的工艺操作，要尽量减少噪声、废气等污染，施工场地的噪声应遵守当地有关部门对施工场地的具体规定。

4.回填土方时，减少回填土方的堆放时间和堆放量，堆土场周围加护墙或护板，保证回填土的质量，不将有毒有害物质和其他工地废料、垃圾用于回填。制订泥浆和废渣的处理方案，选择有资质的运输队伍，及时清运施工弃土和渣土，建立登记制度，防止中途倾倒事件的发生并做到运输途中不撒落。剩余料具、包装即时回收、清退。对可利用的废弃物尽量回收利用，各类垃圾及时清扫、清运，不随意倾倒，一般要求每班清扫，每日清运。施工现场无废弃砂浆和混凝土，运输道路和操作面落地料及时清用，砂浆、混凝土倒运采取防撒落措施。

第二节　桥梁工程施工技术概述

桥梁工程的建设一般须经过规划、勘察、设计和施工等阶段。施工阶段的主要任务是具体实现桥梁设计思想和意图，将图纸上的内容变为实际的能够满足功能要求的工程结构物。

桥梁工程的施工主要包括桥梁的施工技术和施工组织。施工技术水平对桥梁的建设起着十分重要的作用，尤其是对于结构复杂、施工环境恶劣的桥梁，建设者的建设意图在实际的工程结构物中体现，很大程度上依赖所采用的施工技术。桥梁工程施工技术的发展，为实现桥梁设计的意图，提供了丰富多样的手段，也为增大桥梁跨度、改进结构形式及采用新材料，提供了必要的条件。因此，先进的施工技术，能够影响和促进桥梁设计水平的提高和发展。此外，采用先进合理的施工技术，对于降低工程造价、保证工程质量、加快施工进度和实现安全生产都是十分重要的。

桥梁施工包括桥梁下部结构施工和桥梁上部结构施工。下部结构主要包括桥墩、桥台和基础，桥墩分为实体墩、柱式墩和排架墩等，桥台可分为重力式桥台、轻型桥台、框架式桥台、组合式桥台、承拉桥台等，桥梁基础按构造和施工方法不同可分为明挖基础、桩基础、沉井基础、沉箱基础和管柱基础等。

一、桥梁的组成及分类

（一）桥梁的组成

桥梁由五个主要部件（桥跨结构、支座系统、桥墩、桥台、基础）和桥面构造（桥面铺装、排水防水系统、栏杆、伸缩缝和灯光照明）组成。

桥跨结构、支座系统和桥面构造是桥梁的上部结构，它是线路中断时跨越障碍的主要承重结构。上部结构的作用是满足车辆荷载、行人通行，并通过支座将荷载传递给墩台。墩台和基础是桥梁的下部结构，它的作用是支承上部结构，并将结构的荷载传给地基。

（二）桥梁的分类

桥梁的种类繁多，它们都是在长期的生产活动中通过反复实践和不断总结，逐步创造发展起来的。

1.按桥梁的受力体系分类

桥梁可根据拉、压和弯三种基本受力方式分为梁式桥、拱式桥、悬索桥和刚构桥四种基本体系。当有几种不同的结构体系组合在一起时，则组成组合体系桥梁。

（1）梁式桥

梁式桥是一种在竖向荷载作用下无水平反力的结构。由于外力的作用方向与承重结构的轴线接近垂直，故与同样跨径的其他结构体系相比，梁内产生的弯矩最大，通常用抗弯能力强的材料来建造，它结构简单，施工方便。梁式桥又可分为简支梁桥和连续梁桥。简支梁桥的跨越能力有限，当计算跨径小于20m时，通常采用混凝土材料；当计算跨径较大时，需要采用预应力混凝土结构，但跨径一般不超过40m。悬臂梁桥和连续梁桥都是利用增加中间支承以减小跨中弯矩，更合理地分配内力，加大跨越能力。

（2）拱式桥

拱式桥的主要承重结构是拱圈或拱肋。其特点是结构在竖向荷载作用下，两拱脚处不仅产生竖向反力，还产生水平反力，水平推力的作用使得拱截面的弯矩和剪力大大地减小。设计合理的拱轴主要承受压力，拱截面内弯矩和剪力均较小，因此可充分利用石料或混凝土等抗压能力强的圬工材料。拱式桥是推力结构，其墩台、基础必须承受强大的拱脚推力。因此，拱式桥对地基要求很高，适建于地质和地基条件良好的桥址。拱式桥不仅跨越能力强，而且外形酷似彩虹卧波，造型十分美观。

（3）悬索桥

悬索桥又称吊桥。传统的吊桥均使用悬挂在两边塔架上强大的缆索作为主要的承重结构。悬索桥由主塔、缆索、锚碇结构及吊杆、加劲梁等组成。在竖向荷载作用下，通过吊杆使缆索承受很大的拉力，通常就需要在两岸桥台的后方修筑巨大的锚碇结构。吊桥也是具有水平反力的结构。现代的吊桥上，广泛采用高强度的钢丝编制的钢缆，以充分发挥其优异的抗拉性能。因此，结构自重较轻、建筑高度较小的悬索桥能够建造出比其他任何桥型都要大的跨度。

（4）刚构桥

刚构桥的主要承重结构是梁与立柱刚性连接的结构体系。刚构桥的特点是在竖向荷载作用下，柱脚处不仅产生竖向反力，同时产生水平反力和弯矩，使其基础承受较大推力。刚构桥跨中的建筑高度可以做得较小。

（5）组合体系桥

由几种不同体系的结构组合而成的桥梁称为组合体系桥。常见的有：斜拉桥和梁、拱组合体系桥。

2.桥梁的其他分类

除上述按受力特点将桥分成不同的结构体系外，人们还习惯按桥梁的用途、大小规模和建桥材料等其他方面来进行分类：

（1）按桥梁全长和跨径的不同，分为特大桥、大桥、中桥和小桥。

（2）按桥梁主要承重结构所用的材料划分，有圬工桥（包括砖、石、混凝土等）、钢筋混凝土桥、预应力钢筋混凝土桥、钢桥和木桥等。木材易腐且资源有限，因此除少数临时性桥外，一般不宜采用。目前，我国在公路上使用最广泛的是圬工桥、钢筋混凝土桥、预应力钢筋混凝土桥。

（3）按桥梁上部结构的行车道位置，分为上承式桥、下承式桥和中承式桥。桥面布置在主要承重结构之上者称为上承式桥，桥面布置在承重结构之下的称为下承式桥，桥面布置在桥跨结构高度中间的称为中承式桥。

（4）按桥梁用途来划分，分为公路桥、铁路桥、公路铁路两用桥、农桥、人行桥、运水桥及其他专用桥梁。

二、桥梁工程施工的一般特点

（一）流动性与地域性

桥梁工程施工生产不同于一般的工业生产，由于建造地点的不同，其施工是在不同的地区，或同一地区的不同场地进行的，因此其生产在地区之间、场地之间流动。桥梁工程施工受地区条件的影响，其结构、造型、材料和施工方案等方面均有所不同，具有一定的地域性。

（二）固定性与单一性

具体到某一座桥梁工程施工，经过统一规划后，根据其使用功能，在选定的地点上单独设计、单独施工，不可更改，建设地点具有固定性。即使是提倡使用标准设计和通用构件，但受桥梁工程所在地区的自然、经济和技术条件的约束，其结构、建筑材料、施工方法和施工组织等也可因地制宜加以修改，以适应不同地区和不同桥型的需要，从而使桥梁工程的施工具有单一性。

（三）周期性与重复性

桥梁工程施工受混凝土龄期、同部位分节施工等影响，须按部就班地开展，如梁板预制、钢筋绑扎、模板安装固定、混凝土浇筑、顶推循环施工等，从而使桥梁工程施工具有周期性和重复性。

（四）露天性与高空性

桥梁工程地点的固定性和体形庞大的特征决定了其施工具有露天作业和高空作业多的特点。随着社会经济发展和现代化交通运输的需要，各种大型桥梁的施工任务越来越多，使得桥梁工程高空作业的特点日益明显。

（五）施工周期长与占用流动资金多

桥梁体形庞大，其建造必然要消耗大量的人力、物力和财力，同时施工过程还要受到工艺流程和生产程序的制约，使各专业和各工种间必须按照合理的施工顺序进行配合与衔接。而建造地点的固定性，使得施工活动的空间具有一定的局限性，从而导致桥梁施工具有生产周期长、占用流动资金大的特点。

（六）施工生产组织协作的复杂性

桥梁工程施工涉及工程力学、地基基础、工程地质、水文水力学、土力学、工程材料、工程机械设备、施工组织管理等学科的专业知识，施工涉及面较广，需要在不同时期、不同地点上组织多专业、多工种的综合作业。此外，它还涉及不同种类的专业施工队伍，以及规划与征用土地、勘察设计、"五通一平"、科研试验、质量监督、交通运输、电水热供应、劳务等社会各领域的外部协作配合，使得桥梁工程施工生产的组织协作关系错综复杂。

三、桥梁工程施工的基本程序

桥梁工程主体施工大致可分为桥梁下部结构和桥梁上部结构两部分。桥梁下部结构工程（基础、墩台）大多采用就地浇筑施工，桥梁上部结构根据桥位的地形地貌特点、墩台高低、梁孔多少等选择桥位现浇法或预制梁场集中预制的运架方案。桥梁工程施工的精细度及要求高，施工组织应科学合理，管理应精细严格。

四、桥梁工程施工准备工作

施工单位承接桥涵施工任务后，必须组织有关人员对设计文件、图纸及其他有关资料进行了解和研究，并进行现场勘察与核对，必要时进行补充调查。其内容包括：气候条件，气象资料，河流水文，地形地貌，河床地质，当地材料，可利用的现有建筑物，劳动力情况，工业加工能力，交通运输条件，施工场地的水、电源及生活物资供应，农田耕作的要求等。

1.施工单位在编制施工组织设计前，应组织有关人员对设计文件、图纸、资料进行研究和现场核对，必要时进行补充调查。研究设计文件、图纸、资料时，应首先查明是否齐全、清楚，图纸本身及相互之间有无矛盾和错误。如发现图纸和资料欠缺、错误、矛盾等情况，应向建设单位提出，予以补全、更正。较复杂的中桥、大桥和特大桥，可要求建设单位进行设计交底，施工单位可提出修改意见供建设单位考虑。

2.在勘察现场及审阅图纸后，应请建设单位主持，请建设主管部门、监理单位、设计单位设计人员进行设计交底。交底后施工单位将发现的问题提出，请设计单位解答，会议纪要由建设单位于会后以正式文件分发给设计、施工及其他单位。

在施工单位内部应贯彻层层交底制度，施工技术部分应由技术负责人进行书面交底。交底内容应包括结构特点、施工季节特点、施工步骤、操作方法、质量要求、安全要求和各项有关的规程、技术措施，并结合设计意图，向各级管理人员及操作人员交代清楚。

3.根据工程规模，编制施工组织设计或施工方案，具体应该包括下列内容：

（1）工程特点：应叙述工程结构情况与特点及工程地点的水文、地质、气候、地形等特殊情况，以及与工程有关的其他情况。

（2）主要施工方法：根据工程特点，简要叙述本工程主要部位的施工方法和保证工程质量、施工安全、节约，以及推广新工艺、新技术、新结构、新材料等的施工方法。

（3）施工现场总平面布置图及施工图纸：包括水、电、路和各加工厂与存料场的布置、面积，以及与场外的交通联系。

（4）施工进度计划：主要项目施工网络计划、施工物资供应计划及半成品供应计划、施工机具与劳动力计划。

（5）施工预算，科研项目及内容。

（6）对施工中间的障碍应做详细调查，并提出处理方法与时间要求，对旧建筑物的处理方法，如须爆破时，则应提前做准备，并报请有关单位批准，按计划施行。

（7）在河道中施工时，应划定足够的施工水域和拟定过往船只通行的措施，报请航道部门批准。对河床情况，除探测外，还应向附近人员了解河道内有无特殊障碍，以便制订施工计划。在陆地施工时应充分考虑交通组织问题，应与铁道、公路及交通管理部门联系，并办理有关手续。

五、桥梁工程施工常备式结构与主要机具设备

（一）桥梁施工常备式结构

1.钢管脚手架（支架）

根据钢管的连接、组合方式不同而产生了多种不同类型的脚手架，主要有扣件式、碗扣式、门式脚手架等。扣件式钢管脚手架的特点是装拆方便，搭设灵活，能适应结构平面、立面的变化。

2.拼装式常备模板

拼装式钢模、木模和钢木结合模板的构造都基本相同，均由底模、侧模和端模三部分组成。整体式模板是预制工厂的常备结构，常用于桥梁预制工厂的一些标准定型构件的生产。目前，组合式钢制定型模板在桥梁工程施工中也有使用。

组合式定型钢模板具有通用性强、可灵活组装、装拆方便、强度高、刚度大、尺寸精度高、接缝严密、表面光洁、适于组合拼装成大块、实现机械化施工、周转次数多（50次以上）、节约木材、降低成本等优点。

3.万能杆件

万能杆件是用角钢制成的可拼成节间距为2m×32m的桁架杆件。万能杆件通用性

强，各杆件均为标准件，装拆、运输方便，利用率高，可拼装成多种形式，也可作为墩台、索塔施工脚手架。万能杆件的构件一般有杆件、连接板、缀板三大部分。

4.贝雷（贝雷梁）

贝雷是一种由桁架拼装而成的钢桁架结构。贝雷常拼成导梁作为承载移动支架，再配置部分起重设备与移动机具来实现架梁。贝雷主要构件有：桁架、加强弦杆、横梁、桁架销、螺栓、支撑构件等。

（二）桥梁施工常用的起重机具设备

1.扒杆

扒杆是一种简单的起重吊装工具，一般都是由施工单位根据工程的需要自行设计和加工制作的。扒杆可以用来升降重物、移动和架设桥梁等。常用的扒杆种类有独脚扒杆、人字扒杆、摇臂扒杆和悬臂扒杆。

2.龙门架

龙门架是一种最常用的垂直起吊设备。在龙门架顶横梁上设行车时，可横向运输重物、构件；在龙门架两腿下设有缘滚轮并置于铁轨上时，可在轨道上纵向运输；在两脚下设能转向的滚轮时，则可进行任何方向的水平运输。

3.浮吊

浮吊船是在通航河流上建桥的重要工作船。常用的浮吊有铁驳轮船浮吊和用木船、型钢及人字扒杆等拼成的简易浮吊。我国承建的孟加拉国吉大港帕德玛大桥主桥建造工程中，浮吊船的最大起重重量可达1000t。通常简易浮吊可以利用两只民用木船组拼成门船，用木料加固底舱，舱面上安装型钢组成的底板构架，上铺木板，其上安装人字扒杆制成。起重动力可使用双筒电动卷扬机一台，安装在门船后部中线上。制作人字扒杆的材料可用钢管或圆木，并用两根钢丝绳分别固定在民船尾端两舷旁钢构件上。吊物平面位置的变动由门船移动来调节，另外还须配备电动卷扬机绞车、钢丝绳、锚链、铁锚作为移动及固定船位用。

4.缆索起重机

缆索起重机是利用承载缆索上行走的起重小车进行吊运作业的起重机具。缆索起重机以柔性钢索作为大跨距架空承载构件，具有垂直运输和水平运输功能，用于较大空间范围内。

5.架桥机

目前在我国使用的架桥机类型很多，其构造和性能也各不相同，最常用的有单梁式架桥机和双梁式架桥机两种类型。

单梁式架桥机的特点是：机械化程度较高，本身设有自动行驶的动力装置，能架桥、铺轨两用，轴重小，能自动行驶上桥对位，使用操作较安全、方便；机臂能做水平摆动，并可在隧道口架梁；能吊铺桥上25m长的轨排及上渣工作；除端门架和支柱须拆卸外，其余基本上不需要解体运输，因此，整机组装和拆卸均较简单，而且不需要其他超重机械帮助。

双梁式架桥机的特点是：架桥机吊梁桁车可直接由运梁平车上起吊梁，无须换装；架梁时，因吊梁桁车可横向移动，因此，每片梁均能一次就位，而不需要人工在墩台上移梁；机臂能做水平转动；可在隧道口和隧道内架桥；机臂前后两端均能架梁，架桥机无须转向。此外，双梁式架桥机还自带发电设备，结构简单，操作方便，便于养护维修，适用于山区和地形复杂的道路铺设和架桥工作。

6.汽车起重机

汽车起重机是装在普通汽车底盘或特制汽车底盘上的一种起重机，其行驶驾驶室与起重操纵室分开设置。这种起重机的优点是机动性好，转移迅速；缺点是工作时须支腿，不能负荷行驶，也不适合在松软或泥泞的场地上工作。汽车起重机的底盘性能等同于同样整车总重的载重汽车，符合公路车辆的技术要求，因而可在各类公路上通行无阻。此种起重机一般备有上、下车两个操纵室，作业时必须伸出支腿保持稳定。起重量的范围很大，为8～1000t，底盘的车轴数，可为2～10根，是使用广泛的起重机类型之一。

六、桥梁工程施工现场安排

施工现场的施工安排工作，主要是为工程的施工创造有利的施工条件和物资保证。其具体内容如下：

（一）施工测量控制网的复测和加密

按照设计单位提供的桥位总平面图及测量控制网中给定的基线桩、水准基桩和保护桩等资料，在施工现场进行三角控制网的复测，并根据桥梁的精度要求和施工方案，补充加密施工所需要的各种标桩，建立满足施工要求的工程测量控制网。

（二）"五通一平"

"五通一平"是指工程中为了合理有序施工进行的前期准备工作，一般包括通水、通电、通路、通信、通排水、平整土地。一般基本要求是"三通一平"（通水、通电、通路、平整土地）。为满足采用蒸汽养生和寒冷冰冻地区取暖的需要，还要考虑做好供热工作。

（三）建造临时设施

按照施工总平面图的布置，建造各种生产、办公、生活居住和储存等临时房屋，以及施工便道、便桥、码头、混凝土搅拌站和构件预制场等大型临时设施。由于临时设施的项目繁多，内容庞杂，因此建造时应精打细算，做好规划，合理地确定项目、数量和进度等。要因地制宜，降低造价，使之尽量标准化和通用化，以便于拆迁和重复利用。

（四）安装调试施工机具

按照施工机具需要量计划，组织施工机具的进场，并根据施工总平面图的布置将施工机具安置在规定的地点。对所有施工机具都必须在施工之前进行检查和试运转。

（五）原材料进场及验收

为了确保进入施工现场的材料符合规范要求，确保工程质量，应从原材料的采购进行控制，选择合格的供应商，保证所有与工程质量有关的物资采购时能满足规定的要求，做到比质比价，质量第一。进场材料由项目物资部、质保部联合按批次验收；原材料进场时必须资料齐全；钢筋、水泥等必须经复验合格。

项目部组织验收合格后，须报监理和甲方验收，通过后方可使用。未经检验和试验的材料，未经批准紧急放行的材料，经检验和试验不合格的材料，无标志或标志不清楚的材料、过期失效、变质受潮、破损和对质量有怀疑的材料等不得使用。当材料需要代用时，应先办理代用手续，经设计单位或监理单位同意认可后才能使用。

（六）原材料的试验和储存堆放

按照材料的需要量计划，应及时提供材料试验，如钢材的机械性能试验，预应力材料的力学性能试验，水泥、砂石等原材料的试验，以及混凝土的配合比试验等申请计划。材料的进场要及时组织，进场后应按规定的地点和指定的方式进行储存和堆放。

（七）做好夏、冬、雨季施工安排

按照施工组织设计的要求，落实夏、冬、雨季的临时设施和技术措施，做好施工安排。

（八）落实消防和保安措施

建立消防和保安等组织机构，制定有关的规章制度，布置安排好消防、保安等措施。

七、桥梁工程安全文明施工和环境保护

（一）桥梁工程安全施工措施

桥梁工程施工常采用高处作业，由于高处作业危险性大，易发生坠落事故，因此必须认真采取防护措施，做好防护工作和应急措施。

桥梁工程施工中的安全基本规定：

1.高桥、大跨、深水、结构复杂的大型桥梁施工，应对施工安全做专项调查研究，并制定相应的安全技术措施。单项工程（包括辅助结构、临时工程）开工前，应根据规定的安全操作细则向施工人员进行安全技术交底。

2.桥梁施工前，应对施工现场、机具设备及安全防护措施等进行全面检查，确认符合安全要求后方可施工。

3.手持式电动工具，应按《手持式电动工具的管理、使用、检查和维修安全技术规程》（GB/T3787—2017）的规定，根据手持式电动工具的类别和作业场所的安全要求，加设漏电保护器。

4.桥梁施工中，采用多层作业或桥下通车、行人等立体施工时，应得到交通管理和市政部门的同意，并布设安全网。

5.对于通航江河上的桥涵工程，施工前应与当地港航监督部门联系，制定有关通航、作业安全措施。

6.桥梁施工受气候环境因素影响很大。因此，应注意天气预报风力级别，高处露天作业及缆索吊装、大型构件等在起重吊装时，应根据作业高度和现场风力大小对作业的影响程度，制定适于施工的风力标准。遇有六级（含六级）以上大风时，上述施工应停止作业。

（二）桥梁工程文明施工措施

同道路工程施工相同，文明施工能够展示施工单位的形象，体现施工队伍素质，不仅可以体现当代建设者及建设单位的责任感，还能够提高施工质量，保证工程建设有序进行，具体规定同道路施工文明性的规定。

（三）桥梁工程环境保护措施

1.水土保持措施

（1）桥梁施工水土保持措施

基础施工，特别是钻孔过程中会有大量的泥浆水排放，为防止污染水源，破坏环境，

钻孔过程中的泥浆水先集中在泥浆池沉淀，符合要求后排放到工地的排水系统，严禁乱流乱淌。

（2）弃渣（土）场水土保持措施

弃渣场选址应依据设计文件规划或与地方有关部门协商，并结合当地土地利用规划，一般选择在坡度较缓、易于形成坡度开发山坡荒地处，避开大面积汇水地带的滞留谷地。弃渣前先将地表熟土集中存放，砌筑片石挡渣墙，墙身设泄水孔，渣底预埋透水管道。必须先挡后弃，工程结束后对弃渣场进行平整，地面做必要的防护，将存放的熟土回填弃渣场顶部，植草复垦。

（3）防止水污染措施

施工及生活废水的排放遵循清污分流、雨污分流的原则，各种施工废油、废液集中储积，集中处理，严禁乱流乱淌，防止污染水源，破坏环境。

（4）地表植被的保护

合理规划施工便道、施工场地，固定行车路线、便道宽度，限制施工人员的活动范围，尽量少扰动地表、少破坏地表植被。

（5）维护生态平衡，避免人为恶化环境措施

加强生态环境保护的宣传工作，使全体参建员工充分认识环境保护的重要性和必要性，加强环保意识，制定详细的环境保护措施，建立严格的检查制度，避免人为恶化环境。保护好桥址沿线的植被、水环境、大气环境、自然生态环境、土壤结构、自然保护区、野生动植物，维护生态平衡系统。

2.生态环境保护措施

（1）临时工程环境保护

便道、混凝土搅拌站及办公生活区的设置要合理、紧凑，严禁随意搭建，尽量减少对植被的损坏，不占用乡村道路。搅拌站等高噪声生产设施尽可能远离居民区或采取限时作业措施。施工场地周围预先开挖排水沟，做到排水畅通，场内不得积水、积污，应充分考虑其对原地面排水的影响，以免阻挡地表径流的排泄，影响当地居民的生产、生活。

（2）植被保护

施工期间加强对施工人员保护自然资源及野生动植物的教育，限制施工人员和车辆的活动范围。施工便道选线和办公生活区、大型临时设施场地选址尽量少占或绕避林地、耕地，保护原有植被。对合同规定的施工界限外的植物尽力维护，工程完工后及时进行现场清理，复垦或绿化。

（3）施工中的环保措施

注意夜间施工的噪声影响，尽量采用低噪声施工设备。不能使用不符合尾气排放标准的机械设备。做好当地水系、植被的保护工作，在施工时对路基边坡及时进行防护与植被

绿化，施工车辆不得越界行驶，以免碾坏植被、庄稼、乡村道路等。施工便道、工棚及作业场地的布置，尽量维护自然面貌，少占荒地，少开挖，以保护自然植被。

（4）竣工后环境恢复措施

工程完工后，将临时设施全部拆除，当地可以利用的，经当地政府或环保部门的同意，协议转让。施工场地认真清理并收集施工垃圾运至指定的位置处理或就地掩埋。工程完工后，临时租用的土地立即复耕归还。工程竣工的同时，严格按照环保及生态环境保护的要求，对临时设施、施工工点、取弃土场及其他施工区域范围做好环保及生态环境的恢复工作。

第二章 路基施工技术

第一节 一般路基施工

一、湿黏土路基施工

1.基底为软土时，应按设计要求进行处治。

2.不同类的填料，不得填筑在同一压实层上。

3.路堤填筑时，每层宜设坡度为2%～3%的横坡。当天的填土，宜当天完成压实。

4.填筑层压实后，应采取措施防止路基工作面暴晒失水。

5.水稻田地段路基施工，应符合下列规定：

（1）水稻田地段路基施工，不得影响农田排灌。

（2）施工前应采取措施排除公路用地范围内的地表水。疏干地表水确有困难时，应按设计要求进行处治。

（3）二级及二级以上公路路堑段，应在边坡顶适当距离外，筑填并挖截水沟；土质、风化岩石边坡，应浆砌护墙或护坡；路堑路段宜加大边沟尺寸并采用浆砌。

6.河、塘、湖地段路堤施工应符合以下规定：

（1）受水浸润作用的路堤部分，宜用水稳性好、塑性指数不大于6、压缩性小、不易风化的透水性填料填筑。

（2）在洪水淹没地段的路堤两侧不得取土；三、四级公路，特殊情况下，可在下游侧距路堤安全距离外取土。

（3）两侧水位差较大的河滩路堤，根据具体情况，宜放缓下游一侧边坡、设滤水趾和反滤层、在基底设隔渗墙或隔渗层。

（4）防洪工程应在洪水期前完成，施工期间应注意防洪。

7.多雨潮湿地区路基施工应符合下列规定：

（1）多雨潮湿地区施工，应注意排水。机具停放地、库房、生活区域应选在地势较高不易被水淹的地点，并有完善的排水防洪设施。

（2）多雨潮湿地区，应按设计要求对基底过湿土层进行处理。

二、土质路基施工

土质路基施工分为土质路堤施工与土质路堑施工。

（一）土质路堤施工

1.填料要求

含草皮、生活垃圾、树根、腐殖质的土严禁作为填料。泥炭、淤泥、冻土、强膨胀土、有机质土及易溶盐超过允许含量的土，不得直接用于填筑路基，确须使用时，必须采取技术措施进行处理，经检验满足设计要求后方可使用。液限（土的流动状态与可塑状态间的界限含水率）大于50%、塑性指数（液限与塑限的差值）大于26、含水量不适宜直接压实的细粒土，不得直接作为路堤填料；需要使用时，必须采取技术措施进行处理，经检验满足设计要求后方可使用。粉质土不宜直接填筑于路床，不得直接填筑于冰冻地区的路床及浸水部分的路堤。

2.填筑取土

路基填方取土，应根据设计要求，结合路基排水和当地土地规划、环境保护要求进行，不得任意挖取。施工取土应不占或少占良田，尽量利用荒坡、荒地，取土深度应结合地下水等因素考虑，利于复耕。原地面耕植土应先集中存放，以利再用。地面横向坡度大于10%时，取土坑应设在路堤上侧。桥头两侧不宜设置取土坑。取土坑与路基之间的距离，应满足路基边坡稳定的要求。取土坑与路基坡脚之间的护坡道应平整、密实，表面设1%～2%向外倾斜的横坡。取土坑兼作排水沟时，其底面宜高出附近水域的常水位或与永久排水系统及桥涵出水口的标高相适应。线外取土坑等与排水沟、鱼塘、水库等蓄水（排洪）设施连接时，应采取防冲刷、防污染的措施。对取土造成的裸露面，应采取整治或防护措施。

3.土质路堤基底处理

二级及二级以上公路路堤基底的压实度（压实度指筑路材料压实后的干密度与标准最大干密度之比，以百分比表示）应不小于92%；三、四级公路应不小于90%。路基填土高度小于路面和路床总厚度时，基底应按设计要求处理。原地面有坑、洞、穴等情况的，应在清除沉积物后，用合格填料分层回填，分层压实，其压实度要求同路堤基底。陡坡地段、土石混合地基、填挖界面、高填方地基等都应按设计要求进行处理。地基为耕地、土质松散、水稻田、湖塘、软土、高液限土等时，应按设计要求进行处理，局部松软的部分也应采取有效的处理措施。地下水位较高时，应按设计要求进行处理。施工中应对地下水情况进行记录并及时反馈。泉眼或露头地下水，应按设计要求采取有效导排措施后方可填筑路堤。

4.土质路堤填筑施工

性质不同的填料，应水平分层、分段填筑、分层压实。同一水平层路基的全宽应采用同一种填料，不得混合填筑。填筑路床顶最后一层时，压实后的厚度应不小于100mm。对潮湿或冻融敏感性小的填料应填筑在路基上层。强度较小的填料应填筑在下层。在有地下水的路段或临水路基范围内，宜填筑透水性好的填料。路堤施工中，各施工作业层面应设2%～4%的双向排水横坡，层面上不得有积水，并采取相应的防水措施，防止水流冲刷边坡。不得在透水性较好的填料所填筑的路堤边坡上覆盖透水性不好的填料。每种填料的松铺厚度应通过试验确定。每一填筑层压实后的宽度不得小于设计宽度。路堤填筑时，应从最低处起分层填筑，逐层压实。填方分几个作业段施工时，接头部位如不能交替填筑，则先填路段，应按1∶1坡度分层留台阶；如能交替填筑，则应分层相互交替搭接，搭接长度不小于2m。

选择施工机械，应考虑工程特点、土石种类及数量、地形、填挖高度、运距、气候条件、工期等因素，经济合理地确定。填方压实应配备专用碾压机具。

（二）土质路堑施工

1.开挖要求

土质路基开挖前，应先根据地面坡度、开挖断面、纵向长度及出土方向等因素，结合土方调配，确定安全、经济的开挖方案。施工时要满足以下要求：

（1）土方开挖应自上而下进行，不得乱挖超挖，严禁掏底开挖。

（2）可作为路基回填料的土方，应分类开挖，分类使用。非适用材料作为弃方处理。

（3）开挖过程中，应采取措施保证边坡稳定。开挖至边坡线前，应预留一定宽度，预留的宽度应保证刷坡过程中设计边坡线外的土层不受到扰动。

（4）路基开挖中，基于实际情况，如须修改设计边坡坡度、截水沟和边沟的位置及尺寸，应及时按规定报批。边坡上稳定的孤石应保留。

（5）开挖至零填、路堑路床部分后，应尽快进行路床施工；如不能及时进行，宜在设计路床顶标高以上预留至少100mm厚的保护层，防止下层土受到水的扰动。

（6）挖方路基路床顶面终止标高，应考虑因压实而产生的下沉量，其值通过试验确定。

2.开挖排水

路堑施工中，应采取临时排水措施，及时将地表水排走，确保施工作业面不积水。路堑边沟与截水沟应从下游向上游开挖。截水沟通过地面坑凹处时，应将凹处填平、夯实。

边沟及截水沟开挖后，应及时进行防渗处理，不得渗漏、积水和冲刷边坡及路基。

路堑开挖遇到地下水时应采取排导措施，将水引入路基排水系统，不得随意堵塞泉眼。施工中应对地下水情况进行记录并及时反馈。路床土含水量高或为含水层时，应采取设置渗沟、换填、改良土质、铺设土工织物等处理措施。

三、石质路基施工

（一）填石路堤施工

填石路堤（Rock-fillembankment）是指用粒径大于40mm且含量超过总质量70%的石料填筑的路堤。

1.填料要求

膨胀岩石、易溶性岩石不宜直接用于路堤填筑，强风化石料、崩解性岩石和盐化岩石不得直接用于路堤填筑。路堤填料粒径应不大于500mm，并不宜超过层厚的2/3，不均匀系数宜为15～20。路床底面以下400mm范围内，填料粒径应小于150mm。路床填料粒径应小于100mm。

2.基底处理

填石路堤基底处理除应满足土质路堤基底处理要求外，其承载力应满足设计要求。在非岩石地基上，应按设计要求设过渡层后，再填筑填石路堤。

3.填筑要求

（1）施工前，应先通过试验路段，确定满足现行《公路路基施工技术规范》（JTG/T 3610—2019）关于填石路堤孔隙率标准、路床最大干密度要求的松铺厚度、压实机械型号及组合、压实速度及压实遍数、沉降差等参数。

（2）二级及二级以上公路的填石路堤应分层填筑、压实。二级以下砂石路面公路在陡峻山坡地段施工特别困难时，可采用倾填的方式将石料填筑于路堤下部，但在路床底面以下1m范围内仍应分层填筑、压实。

（3）岩性相差较大的填料应分层或分段填筑。严禁将软质石料与硬质石料混合使用。

（4）中硬、硬质石料填筑路堤时，应进行边坡码砌，码砌边坡的石料强度、尺寸及码砌厚度应符合设计要求。边坡码砌与路基填筑宜基本同步进行。

（5）压实机械宜选用自重不小于18t的振动压路机。

（6）在填石路堤顶面与细粒土填土层之间应按设计要求设过渡层。

（二）石质路堑施工

石方开挖应根据岩石的类别、风化程度、岩层产状、岩体断裂构造、施工环境等因素确定合理的开挖方案。

爆破法施工应先查明空中缆线和地下管线的位置、开挖边界线外可能受爆破影响的建筑物结构类型、居民居住情况等，然后制订详细的爆破技术安全方案。爆破施工组织设计应进行专家论证后按相关规定进行报批。

爆破施工必须符合现行《爆破安全规程》（GB 6722—2014）。施工严禁采用硐室爆破（采用集中或条形硐室装药，爆破开挖岩土的作业），近边坡部分宜采用光面爆破（沿开挖边界布置密集炮孔，采取不耦合装药或装填低威力炸药，在主爆区爆破之后起爆，以形成平整的轮廓面的爆破作业）或预裂爆破（沿开挖边界布置密集炮孔，采取不耦合装药或装填低威力炸药，在主爆区爆破之前起爆，从而在爆区与保留区之间形成预裂缝，以减弱主爆破对保留岩体的破坏并形成平整轮廓面的爆破作业）。

爆破施工宜按以下程序进行：爆破影响调查与评估→爆破施工组织设计→专家论证→培训考核、技术交底→主管部门批准→布设安全警戒岗→清理爆破区施工现场的危石等→炮眼钻孔作业→爆破器材检查测试→炮孔检查合格装炸药及安装引爆器材→布设安全警戒岗→堵塞炮孔→撤离施爆警戒区和飞石、震动影响区的人、畜等→爆破作业信号发布及爆破→安全员检查、清除盲炮→解除警戒→测定、检查爆破效果（包括飞石、地震波及对施爆区内构造物的损伤、损失等）。

边坡整修：挖方边坡应从开挖面往下分段整修，每下挖2～3m，宜对新开挖边坡刷坡，同时清除危石及松动石块。石质边坡不宜超挖。

路床清理：路床欠挖部分必须凿除。超挖部分应采用无机结合料稳定碎石或级配碎石填平、碾压密实，严禁用细粒土找平。

四、土石混合路基施工

土石路堤（Earth rock embankment）是指石料含量占总质量30%～70%的土石混合材料修筑的路堤。

（一）填料要求

能用于填筑土石路堤的天然土石混合填料中的岩石同填石路堤要求，其中的中硬、硬质石料的粒径不得大于压实层厚的2/3；强风化石料或软质石料的粒径不得大于压实层厚。

（二）基底处理

土石路堤基底处理除应满足土质路堤基底处理要求外，在陡、斜坡地段，土石路堤靠山一侧应按设计要求，做好排水和防渗处理。

（三）填筑要求

1.压实机械的选用及通过试验路段确定施工参数要求同填石路堤。

2.土石路堤不得倾填（含抛填），应分层填筑、压实。

3.碾压前应使大粒径石料均匀分散在填料中，石料间孔隙应填充小粒径石料、土和石渣。

4.压实后，透水性差异大的土石混合材料应分层或分段填筑，不宜纵向分幅填筑；如确须纵向分幅填筑，应将压实后渗水良好的土石混合材料填筑于路堤两侧。

5.土石混合材料来自不同料场，其岩性或土石比例相差较大时，宜分层或分段填筑。

6.填料由土石混合材料变化为其他填料时，土石混合材料最后一层的压实厚度应小于300mm，该层填料最大粒径宜小于150mm，压实后，该层表面应无孔洞。

7.中硬、硬质石料的土石路堤应进行边坡码砌，码砌边坡的石料强度、尺寸及码砌厚度应符合设计要求。边坡码砌与路堤填筑宜基本同步进行。软质石料土石路堤的边坡按土质路堤边坡处理。

（四）路基的冬季和雨季施工

1.冬季施工

室外日平均气温连续5天稳定低于5℃的施工过程称为冬季施工。

（1）冬季施工情况

高速公路、一级公路的土质路堤和地质不良地区二级及二级以下公路路堤不宜进行冬季施工；河滩低洼地带，可被水淹没的填土路堤不宜冬季施工；土质路堤路床以下1m范围内，不得进行冬季施工；半填半挖地段、挖填方交界处不得在冬季施工。

（2）冬季施工路基基底处理

冬季施工路基在冻结前应完成表层清理，挖好台阶；填筑前应将基底范围内的积雪和冰块清除干净；对需要换填土地段或坑洼处须补土的基底应选用适宜的填料回填，并及时进行整平压实；基底处理后应立即采取保温措施防止冻结。

（3）冬季填方路堤施工要求

路堤填料应选用未冻结的砂类土、碎石、卵石土、石渣等透水性良好的材料。不得用含水量过大的黏性土。填筑应按横断面全宽平填，每层松铺厚度应比正常施工减少

20%~30%，且松铺厚度不得超过300mm。当天填土应当天完成碾压。中途停止填筑时，应整平填层和边坡并进行覆盖防冻，恢复施工时应将表层冰雪清除，并补充压实。当填至距路床底面下1m时，碾压密实后应停止填筑，在顶面覆盖防冻保温层，待冬季过后整理复压，再分层填至设计标高。冬季过后必须对填方路堤进行补充压实，使压实度达到现行《公路路基施工技术规范》相关要求。

（4）冬季挖方路基施工要求

挖方边坡不得一次挖到设计线，应预留一定厚度的覆盖层，待到正常施工季节后再修整到设计坡面。路基挖至路床顶面以上1m时，完成临时排水沟后，应停止开挖，待冬季过后再施工。河滩地段可利用冬季水位低，开挖基坑，修建防护工程，但应采取措施保证工程质量。

2.雨季施工

雨季路基施工宜选在丘陵和山岭地区的砂类土、碎砾石、岩石地段、路堑的弃方地段。重黏土、膨胀土、盐渍土地段和平原区排水困难路段不宜在雨季施工。

（1）防排水要求

在雨季施工的路段，要进行详细的现场调查研究，编制好施工组织计划，制订雨季施工安全预案，做好防洪抢险的准备工作，重点解决防排水问题，具体应注意以下几点：

①雨季施工应综合规划、合理设置现场防排水系统，采取有效措施，及时引排地面水。要把临时排水和永久排水衔接好，把水引入沿线桥涵及排水沟渠，形成完整的排水系统，保证雨季施工场地不被淹没，不积水。

②对施工临时挤占的沟渠、河道应采取措施保证不降低原有的排水能力。

③路堤填筑的每一层表面应设2%~4%的排水横坡。

④在已填路堤路肩处，应采取设置纵向临时挡水土埋、每隔一定距离设出水口和排水槽等措施，引排雨水至排水系统。

⑤雨季路堑施工宜分层开挖，每挖一层均应设置纵横排水坡，使水排放畅通。

（2）雨季施工路基基底处理

在雨季来临前应将基底处理好，孔洞、坑洼处填平夯实，整平基底，并设纵横排水坡。低洼地段，应在雨季前将原地面处理好，并将填筑作业面填筑到可能的最高积水位0.5m以上。

（3）填方路堤雨季施工要求

填料应选用透水性好的碎（卵）石土、砂砾、石方碎渣和砂类土等。利用挖方土作填料，含水量符合要求时，应随挖随填，及时压实。含水量过大而难以晾晒的土不得用作雨季施工填料。雨季填筑路堤须借土时，取土坑的设置应满足路基稳定的要求。路堤应分层填筑，当天填筑的土层应当天或雨前完成压实。

（4）挖方路基雨季施工要求

挖方边坡不宜一次挖到设计坡面，应预留一定厚度的覆盖层，待雨季过后再修整到设计坡面，目的是防止地面水冲坏已成边坡和路床。雨季开挖路堑，当挖至路床顶面以上300～500mm时应停止开挖，并在两侧挖好临时排水沟，待雨季过后再施工。雨季开挖岩石路基，炮眼宜水平设置。

第二节　特殊路基施工

一、红黏土地区路基施工

路堤填筑应符合下列规定：

1.应尽量避免雨期施工。雨期施工时，应防止松土被雨淋湿。施工中应保持作业面横坡坡度不小于3%。雨后作业面应经晾干且重新压实合格后方可进行下一道工序的施工。

2.填料应随挖随用。摊铺后必须及时碾压，做到当天摊铺当天完成碾压。

3.路堤填筑应连续，碾压完成后，应采取措施防止路堤作业面暴晒失水。

二、膨胀土地区路基施工

1.膨胀土地区路基施工，应避开雨季作业，加强现场排水，基底和已填筑的路基不得被水浸泡。

2.膨胀土地区路基应分段施工，各道工序应紧密衔接，连续完成。路基边坡按设计要求修整，并应及时进行防护施工。

3.膨胀土作为填料时应符合以下规定：

（1）强膨胀土不得作为路堤填料。

（2）中等膨胀土经处理后可作为填料，用于二级及二级以上公路路堤填料时，改性处理后胀缩总率应不大于0.7%。

（3）胀缩总率不超过0.7%的弱膨胀土可直接填筑。

4.二级及二级以上公路路堤基底处理应符合以下规定：

（1）高度不足1m的路堤，应按设计要求采取换填或改性处理等措施处治。

（2）表层为过湿土，应按设计要求采取换填或进行固化处理等措施处治。

（3）填土高度小于路面和路床的总厚度，基底为膨胀土时，宜挖除地表0.30～0.60m的膨胀土，并将路床换填为非膨胀土或掺灰处理。若为强膨胀土，挖除深度应达到大气影响深度。

5.膨胀土地区路堑施工应符合下列规定：

（1）路堑施工前，先施工截、排水设施，将水引至路幅以外。

（2）边坡施工过程中，必要时，宜采取临时防水封闭措施保持土体原状含水量。边坡不得一次挖到设计线，应预留厚度300～500mm，待路堑完成时，再分段削去边坡预留部分，并立即进行加固和封闭处理。

（3）路床底标高以下应按照设计要求进行处理。

（4）宜用支挡结构对强膨胀土边坡进行防护。支挡结构基坑应采取措施防止暴晒或浸水，基础埋深应在大气风化作用影响深度以下。

6.膨胀土路基填筑松铺厚度不得大于300mm，土块粒径应小于37.5mm。

7.填筑膨胀土路堤时，应及时对路堤边坡及顶面进行防护。

8.路基完成后，当年不能铺筑路面时，应按设计要求做封层，其厚度应不小于200mm，横坡坡度不小于2%。

9.膨胀土路基的压实度应符合规定。

三、黄土地区路基施工

黄土地区路基施工，应做好施工期排水，将水迅速引离路基。在填挖交界处引出边沟时，应做好出水口的加固，排水设施接缝处应坚固不渗漏。

其一，路基基底处理应符合以下规定：

1.若基底为非湿陷性黄土，且无地下水时，按规定进行基底处理。

2.若地基为一般湿陷性黄土，应采取措施拦截、排除地表水。地下排水构造物与地面排水沟渠必须采取防渗措施，路侧严禁积水。

3.若地基黄土具有强湿陷性或较高的压缩性，应按设计要求进行处理。

其二，黄土填筑路堤应符合下列规定：

1.路床填料不得使用老黄土。路堤填料不得含有粒径大于100mm的块料。

2.在填筑横跨沟堑的路基土方时，应做好纵横向界面的处理。

3.黄土路堤边坡应拍实，并应及时防护，防止路表水冲刷。

4.浸水路堤不得用黄土填筑。

其三，黄土路堑施工应符合以下规定：

1.路堑路床土质应符合设计要求，密实度不足时，应采取措施碾压至要求的压实度。

2.路堑施工前，应做好堑顶地表排水导流工程。路堑施工期间，开挖作业面应保持干燥。

3.路堑施工中，如边坡地质与设计不符，可提出修改边坡坡度。

其四，黄土陷穴处理可采取以下措施：

1.路基范围内的陷穴，应在其发源地点对陷穴进口进行封填，并截排周围地表水。

2.现有的陷穴、暗穴，可采用灌砂、灌浆、开挖回填、导洞和竖井等措施进行填充。

3.陷穴表面的防渗处理层厚度不宜小于300mm，并将流向陷穴的附近地面水引离。

4.挖方边坡顶以外50m范围内、路堤坡脚以外20m范围内的黄土陷穴宜进行处理。挖方边坡顶以外的陷穴，若倾向路基，应做适当处理。对串珠状陷穴应彻底进行处治。

四、盐渍土地区路基施工

（一）盐渍土的分类

1.盐渍土按含盐性质分类见表2-1。

表2-1　盐渍土按含盐性质分类

盐渍土名称	离子含量比值	
	Cl^-/SO_4^{2-}	$CO_3^{2-}\ HCO_3^-/Cl^-\ SO_4^{2-}$
氯盐渍土	>2	—
亚氯盐渍土	1~2	—
亚硫酸盐渍土	0.3~1.0	—
硫酸盐渍土	<0.3	—
碳酸盐渍土	—	>0.3

注：离子含量以1kg土中离子的毫摩尔数计（mmol/kg）。

2.盐渍土按盐渍化程度分类见表2-2。

表2-2　盐渍土按盐渍化程度分类

盐渍土名称	细粒土 土层的平均含盐量（以质量百分数计）		粗粒土 通过10mm筛孔土的平均含盐量（以质量百分数计）	
	氯盐渍土及亚氯盐渍土	硫酸盐渍土及亚硫酸盐渍土	氯盐渍土及亚氯盐渍土	硫酸盐渍土及亚硫酸盐渍土
弱盐渍土	0.3~1.0	0.3~0.5	2.0~5.0	0.5~1.5
中盐渍土	1.0~5.0	0.5~2.0	5.0~8.0	1.5~3.0
强盐渍土	5.0~8.0	2.0~5.0	8.0~10.0	3.0~6.0
过盐渍土	>8.0	>5.0	>10.0	>6.0

注：离子含量以100g干土内的含盐总量计。

对填料的含盐量及其均匀性应加强施工控制检测，路床以下每1000m³填料、路床部分每500m³填料应至少做一组测试，每组3个土样，填方不足上列数量时，亦应做一组试件。

用石膏土作填料时，应先破坏其蜂窝状结构。

（二）基底（包括护坡道）处治

1.路堤高度小于表2-3的规定时，除应将基底土挖除外，并应按设计要求换填透水性较好的土。

表2-3　盐渍土地区路堤最小高度

土质类别	高出地面（m）		高出地下水位或地表长期积水位（m）	
	弱、中盐渍土	强、过盐渍土	弱、中盐渍土	强、过盐渍土
砾类土	0.4	0.6	1.0	1.1
砂类土	0.6	1.0	1.3	1.4
黏性土	1.0	1.3	1.8	2.0
粉性土	1.3	1.5	2.1	2.3

注：1.二级公路最小高度可为表中数值的1.2～1.5倍。

2.一级公路、高速公路最小高度可为表中数值的2倍。

2.含水量超过液限的原地基土，应按设计要求将基底以下1m全部换填为透水性材料；含水量界于液限和塑限之间时，应按设计要求换填100～300mm厚的透水性材料；含水量在塑限以下时，可直接填筑黏性土。

3.地下水位以下的软弱土体应按设计要求采用透水性好的粗粒土换填，高度宜高出地下水位300mm以上。

4.在内陆盆地干旱地区，路面为沥青混凝土、水泥混凝土或沥青表处时，应按设计要求在路堤下部设置封闭性隔断层。

5.地表为过盐渍土的细粒土、有盐结皮和松散土层时，应将其铲除，铲除的深度通过试验确定。地表过盐渍土层过厚时，如仅铲除一部分，则应设置封闭隔断层，隔断层宜设置在路床顶以下800mm处；若存在盐胀现象，隔断层应设在产生盐胀的深度以下。

盐渍土路堤应分层填筑、分层压实，每层松铺厚度不宜大于200mm，砂类土松铺厚度不宜大于300mm。碾压时应严格控制含水量，碾压含水量不宜大于最佳含水量1个百分点。雨天不得施工。

盐渍土路堤的施工，应从基底处理开始，连续施工。在设置隔断层的地段，宜一次做到隔断层的顶部。

地下水位高的黏性盐渍土地区，宜在夏季施工；砂性盐渍土地区，宜在春季和夏初施工；强盐渍土地区，宜在表层含盐量较低的春季施工。

（三）排水

（1）施工中应及时合理设置排水设施，路基及其附近不得积水。

（2）取土坑底面应高出地下水位至少150mm，底面向路堤外侧应有坡度为2%～3%排水横坡。

（3）在排水困难地段或取土坑有可能被水淹没时，应在取土坑外采取适当处治措施。

（4）在地下水位较高地段，应加深两侧边沟或排水沟，以降低路基下的地下水位。

（5）盐渍土地区的地下排水管与地面排水沟渠，必须采取防渗措施。盐渍土地区不宜采用渗沟。

五、冻土地区路基施工

（一）季节性冻土

1.冻胀路基施工，应根据设计要求和现场调查、核对情况，合理选择施工方法，采取合理有效的抗冻措施。

2.冻胀路基施工过程中，应经常检查冻害状况，发现冻胀、软弹、变形、纵向横向裂缝及翻浆等病害时应及时处理。

3.路基填挖交界过渡段基底，根据填、挖段不同的冻胀量进行处理，使挖方终点的冻胀量和填方段的冻胀量基本一致。

4.路基填料应符合下列规定：

（1）路床填料宜优先选择矿渣、炉渣、粉煤灰、砂、砂砾石及碎石等抗冻稳定性较好的材料。

（2）路床或上路堤采用粉土、黏土填筑时，可按设计要求使用石灰、水泥、土壤固化剂等单独或混合进行稳定处理，填料的改善或处理应根据路基抗冻胀性能要求，结合填料性质经试验确定。

（3）冻土、非透水性过湿土不得直接填筑下路堤。

5.挖方段路基。

（1）路床换填：

a.路床地基土挖除、换填深度应符合设计要求。

b.应分层开挖，一般宜从外侧向内侧挖掘，最后一层应从内向外挖掘。

c.使用粗颗粒填料换填时，填料应均匀，粒径小于0.075mm的填料含量应不大于5%。

d.采用石灰、水泥对填料进行改性处理时，应掺拌均匀，改性剂的剂量应符合设计要求或经试验确定。

e.换填应分层填筑，压实度达到规定要求。

（2）排水：

a.施工前应完成截水沟，填筑拦水埂，填平坡顶的冲沟、水坑。

b.施工中，应采取措施阻止边界外的水流入路基中；应保持排水沟通畅，将水迅速排出路基之外。

c.填挖交界段应设置过渡边沟。

d.在路基开挖面接近设计标高时，应及时施工地下排水构造物，尽快形成各式沟、管、井、涵等，组成完整、有效的排水系统，严禁路基完成后才进行地下排水构造物施工。

6.石质挖方、零填路段不宜超挖。超挖或清除软层后的凹凸面，严禁用挖方料和未经稳定处理的混合料回填，岩面凸出部分应凿除，超挖的坑槽及岩石凹面可用贫水泥混凝土浇筑，混凝土最小厚度应大于80mm。

7.非全冻路堤在冻深范围内的填筑应符合下列规定：

（1）冻深范围内的填土严禁混杂，冻胀性质不同的土，应分层填筑；同一类土的填筑，总厚度不宜小于600mm；抗冻性强的土应填在高层位。

（2）同一层土的含水量应基本一致，允许偏差为2%。

（3）施工期间每层土顶面应设置不小于2.5%的排水横坡。

8.全冻路堤施工前，应在路堤两侧先完成排水沟或边沟，应结合永久排水设计完成渗沟、渗井等地下排水设施。

（二）多年冻土地区

1.施工前应核查沿线冻土情况、地面水、地下水以及有无其他的热融（湖、塘）、冰丘、冰锥等不良地质情况，结合设计要求制订施工方案。

2.施工必须严格遵循保护冻土的原则，使路基施工后仍处于热学稳定状态。

3.填方路基。

（1）施工过程中，应采取措施保持路基及周围冻土处于冻结状态。

（2）根据设计要求和实际情况对基底应采取换填、设置毛细水隔断层等措施。

（3）取土应符合以下规定：

a.宜设置集中取土场，取土位置宜在路堤坡脚500m以外。

b.斜坡地表上的路堤，取土坑应设在上坡一侧。

c.取土坑深度不得超过当地多年冻土上限以上土层厚度的80%，坑底应设纵横坡和排水口。

d.取土坑的外露面，应进行处理。

（4）填料。

a.宜选用保温、隔水性能均较好的填料，严禁使用塑性指数大于12、液限大于32%的细粒土和富含腐殖质的土及冻土。高含冰的土不宜用于路基填料。

b.采用黏性土或透水性不良土填筑路堤时，应控制土的含水量，碾压时含水量控制在最佳含水量±2%范围内。

c.通过热融湖（塘）的路堤，水下部分必须用透水性良好的填料填筑，填筑高度应高于最高水位0.5m以上。

（5）靠近基底部位有饱冰冻土层且有可能融化时，宜设保温护道和护脚。

（6）应根据设计要求采用土工格栅等技术措施，增加路基整体性和强度。

4.挖方路基。

（1）地下水发育地段，路基边沟应有防渗措施。挡水堰等构造物施工应按设计要求采取加固措施。

（2）加固土质边坡的铺砌厚度应满足设计和保温要求。

（3）饱冰冻土、含土冰层地段路堑，可根据设计要求换填足够厚度的水稳性好的填料。施工应速度快，保温措施有效。

5.路基处于其他不良地质地段时，应符合下列规定：

（1）冰锥、冰丘地段路基施工，应按设计要求做好排水。

（2）松软基底两侧宜设反压护道。

（3）沼泽冻土地段路堤下部应按设计做好隔离层或隔温层，并保护好两侧地表植被。

（4）冻胀丘较重地段，应在上游主流处按设计要求做好地下渗沟，将水引到一定距离外的地面积冰场。

六、沿河、沿溪地区路基施工

1.沿河、沿溪地区路基施工应根据设计要求和现场情况，合理选择施工方法。

2.路基弃方应妥善处理，严禁向河中倾弃。

3.受水位涨落影响及常水位以下路堤，宜用水稳性好、不易风化的透水性材料填筑，粒径不宜大于300mm。

4.沿河、沿溪地区的高填方、半挖半填、拓宽路段的新老交界面应按设计要求采取措施保证路基稳定，峡谷地段宜采用石质填料。

七、水库地区路基施工

1.库区路基施工，应采取措施减少对水库水体及周围环境的污染。

2.库区路基施工应根据设计线位与库岸的位置关系，合理选择施工方法。

3.沿水库边缘修筑的路基，或路基离岸10m以内时，应按设计要求预先对库岸进行防护。

4.路堤填料宜选择透水性较好的材料。

5.边坡防护材料应采用强度较高，不易风化的硬质石料。在冰冻地区的护坡采用片石防护时，应选择抗冻性好的石料。在水库上游地段，护坡基础埋深应符合设计要求。

八、库区浸水路堤施工

1.填料应采用不易风化的硬质石料。

2.路堤外侧边坡的码砌厚度应满足设计要求，码砌石块粒径宜大于300mm，错缝台阶式砌筑，块体紧贴边坡、块体接触面向内倾斜，路堤边坡符合设计要求。

3.路基较高且浸水较深的路段，可在靠水库库心一侧的迎水坡面护脚上设置片石石垛，石块尺寸应不小于码砌厚度。

第三节　路基质量检测方法

一、最佳含水量和最大干密度的确定

最佳含水量又称最优含水率，是指在一定压实功作用下，能使填土达到最大干密度（干容量）时相应的含水率。最佳含水量是土基施工的一个重要控制参数。

最佳含水量的试验测定方法有击实试验法（分轻型击实和重型击实）、振动台法和表面振动击实仪法。

（一）击实试验法

1.用干法或湿法制备一组不同含水量（相差约2%）的试样（不少于5个）。

2.取制备好的土样按所选击实方法分3次或5次倒入击实筒，每层按规定的击实次数进行击实，要求击完后余土高度不超过试筒顶面5mm。修平称量后用推土器推出筒内试样，测定击实试样的含水量和测算击实后土样的湿密度。其余土样按相同方法进行试验。

3.计算各试样干密度，以干密度为纵坐标，含水量为横坐标绘制曲线，曲线上峰值点的纵、横坐标分别为最大干密度和最佳含水量。

4.当试样中有大于25mm（小筒）或大于38mm（大筒）的颗粒时，应先将其取出，求得其百分率（要求不得大于30%），对剩余试样进行击实试验，再利用修正公式对最大干密度和最佳含水量进行修正。

（二）振动台法

1.充分搅拌并烘干试样，使其颗粒分离程度尽可能小，然后大致分成3份，测定并记录空试筒质量。

2.用小铲或漏斗将任一份试样徐徐装入试筒，并注意使颗粒分离程度最小（装填宜使振毕密实后的试样等于或略低于筒高的1/3），抹平试样表面，然后可用橡皮锤或类似物敲击几次试筒壁，使试料下沉。

3.放置合适的加重底板于试料表面，轻轻转动几下，使加重底板与试样表面密合一致。卸下加重底板把手。

4.将试筒固定于振动台面上，装上套筒，并与试筒紧密固定，将合适的加重块置于加重底板上，其上部尽量不与套筒内壁接触。

5.设定振动台在振动频率50Hz下的垂直振动双振幅为0.5mm，或在振动频率60Hz下的垂直振动双振幅为0.35mm。在50Hz下振动试筒及试样10min；在60Hz下振动8min。振毕卸去加重块及加重底板。

6.按2～5步进行第二层、第三层试料振动压实。但第三层振毕，加重底板不再立即卸去。

7.卸去套筒，然后检查加重底板是否与试样表面密合一致，即按压。

8.看加重底板边缘是否翘起，若翘起，则宜在试验报告中注明。

9.刷净试筒顶沿面上及加重底板上位于试筒导向瓦两侧测量位置所积落的细粒土，并尽量避免将这些细粒土刷进试筒内，将百分表架支杆插入每个试筒导向瓦套中，然后分别测读并记录试筒导向瓦每侧试筒顶沿面（中心线处）各3个百分表读数，共12个读数（其平均值即为终了百分表读数R）。

二、土基压实质量控制与检测

（一）影响土基压实的主要因素

1. 土质

一般情况下，同一压实功作用下，含粗粒土越多，其最大干密度越大，而最佳含水量越小。

2. 含水量

土中含水量对其压实效果的影响比较显著。当含水量较小时，土中空隙多，互相连通，在一定的外部压实功作用下，土粒间气体易被排出，密度增大，但由于含水量小，水膜润滑作用不明显，外部压实功不足以克服粒间引力，土粒不易移动，因此压实效果比较差；随着含水量逐渐增大，水膜润滑作用增强，在外部压实功作用下，土粒比较容易发生相对移动，压实效果渐佳；当土中含水量增加到一定程度后，土空隙中出现难以排出的自由水，减小了有效压功，压实效果反而降低。因此，土的含水量存在一个最佳含水量，在此情况下，同样压实功获得最大干密度和最好的水稳定性。

3. 压实功

经试验和工程实践发现，同一类土，其最佳含水量随压实功的增加而减小，而最大干密度则随压实功的增加而增大。当土中含水量偏低时，增加压实功对提高干密度效果明显，含水量偏高时则收效甚微。当压实功增大到一定程度后，对最佳含水量的减小和最大干密度的提高，其效果都不明显了，即单纯用增大压实功来提高土的干密度并不理想，压实功过大甚至还会破坏土体结构，适得其反。

4. 铺土厚度

工程实践表明，同一类土在相同压实功条件下，压实度随土层松铺厚度的增加而减小。表层压实效果优于下面土层。因此，相关规范中都推荐了不同类土在不同压实功下的松铺土层厚度，以供施工参考。

（二）土基压实的控制与检测

要控制路基压实质量，应充分认识影响压实的各种因素及其相互关系，根据现场实际情况，采取合理的措施。质量控制与检测应重点关注以下四方面：

1. 确定土基的最大干密度和最佳含水量

沿线路基填料性质往往有较大的差别。路基施工前，应对各不同土质路段取样，采用现行相关规范推荐的测定方法进行土工试验，确定各类土质的最大干密度和最佳含水量，为后续路基施工提供参考。

含水量是影响路基土压实效果的主要因素，压实前应控制土的含水量在最佳含水量±2%之内。

2.选择压实机械

充分了解压实功与土基压实度的关系，选择与土质相匹配的压实机械，按照合理的压实行走路线及压实遍数施工。

3.分层填筑压实

填土分层压实厚度和压实遍数与压实机械类型、土的种类和压实度要求有关，一般应通过试验路段确定。对于低等级公路，可参照相关规范推荐值或同地区已建相同类型公路施工经验。

4.压实质量的检测

土基压实度的检测一般采取灌砂法、环刀法、蜡封法、水袋法和核子密度仪法。环刀法适用于细粒土，灌砂法适用于各类土。采用核子密度仪时应先进行标定，并与灌砂法做对比试验，找出相关的压实度修正系数，尤其是当填土种类发生变化时，必须重新标定，方能保证压实度检测的准确性、可靠性。填筑路基时，应分层检测压实度，并要求填土层压实度达到要求后，方允许填筑上一层，这样才能保证全深度范围内的压实质量。

第三章　路面施工技术

第一节　沥青混凝土路面施工技术

沥青混凝土路面是以沥青材料为结合料，黏结矿料形成沥青混合料，用其修筑面层，与各类基层和垫层共同组成的路面结构。沥青作为结合料，增强了矿料颗粒间的黏结力，同时提高了路面的技术品质。由于沥青材料具有较好的弹性、黏性和塑性，因而沥青混凝土路面具有平整、耐磨、不扬尘、不透水、耐久、平稳、舒适等特点，是目前各级道路常用的路面面层。

沥青混凝土路面施工过程中必须遵循以下规定：

一是贯彻"精心施工，质量第一"的方针，保证沥青混凝土路面的施工质量。

二是必须符合国家环境和生态保护的规定。

三是沥青混凝土路面施工必须有施工组织设计，并保证合理的施工工期。沥青混凝土路面不得在气温低于10℃（高速公路和一级公路）或5℃（其他等级公路），以及雨天、路面潮湿的情况下施工。

四是沥青面层宜连续施工，避免与可能污染沥青层的其他工序交叉干扰，以杜绝施工和运输污染。

五是沥青混凝土路面施工应确保安全，有良好的劳动保护。沥青拌和厂应具备防火设施，配制和使用液体石油沥青的全过程严禁烟火。使用煤沥青时，应采取措施防止工作人员吸入煤沥青，或避免皮肤直接接触煤沥青而造成身体伤害。

六是进行沥青混凝土路面试验检测的试验室应通过认证，取得相应的资质；试验人员应持证上岗；仪器设备必须检定合格。

七是沥青混凝土路面工程应积极采用经试验和实践证明有效的新技术、新材料和新工艺。

八是沥青混凝土路面施工除应符合《公路沥青路面施工技术规范》（JTGF40—2004）外，还应符合国家颁布的现行有关标准、规范的规定。特殊地质条件和地区的沥青混凝土路面工程，可根据实际情况制定补充规定。各省、市、自治区或工程建设单位可根据具体情况，制定相应的技术指南，但技术要求不应低于《公路沥青路面施工技术规范》

中的规定。

热拌沥青混合料是由矿料与沥青在热态下拌和而成的混合料的总称，是高等级公路主要采用的路面施工方式。本节主要讲述热拌沥青混合料施工技术。

一、施工前的准备工作

施工前的准备工作主要有确定料源及进场材料的质量检验、检查施工机械、铺筑试验路段等。

（一）确定料源及进场材料的质量检验

在沥青混凝土路面建设过程中，材料起着至关重要的作用。有些新建的高速公路沥青混凝土路面之所以会出现早期损坏，材料问题是重要原因。因此，在沥青混凝土路面施工过程中，应严把材料关，以试验为依据，严格控制材料质量。沥青混凝土路面使用的各种材料运至现场后，必须取样进行质量检验，经评定合格后方可使用。不得以供应商提供的检测报告或商检报告代替现场检测，以防止因使用不符合要求的材料而造成损失的情况发生。

1.沥青材料

沥青材料的选用应在全面了解各种沥青料源、质量及价格的基础上，从质量和经济两方面综合考虑。对每批进场的沥青，均应检验生产厂家所附的试验报告，检查装运数量、装运日期、订货数量、试验结果等。对每批沥青进行抽样检测，试验中如有一项达不到规定要求，应加倍抽样试验。如仍不合格，则应退货并提出索赔。沥青材料的试验项目有针入度、延度、软化点、薄膜加热、蜡含量、比重等。有时根据合同要求，可增加其他非常规测试项目。

沥青材料的存放应符合下列要求：沥青运至沥青厂或沥青加热站后，应按规定分批检验其主要性质指标是否符合要求，不同种类和标号的沥青材料应分别储存，并加以标记；临时性的储油池必须搭盖棚顶，并应疏通周围的排水渠道，防止雨水或地表水进入池内。

2.集料

集料质量差是目前公路建设中特别严重的问题，突出表现是材料脏、粉尘多、针片状颗粒含量高、级配不良等，经常达不到规范要求。我国公路部门的集料多半取自社会料场，国有企业、乡镇企业、个体企业都有，各料场的质量、规格参差不齐，使用时离析严重，导致实际级配及配合比与设计有很大的差距，这是造成沥青混凝土路面早期损坏的重要原因。

集料的准备应符合下列要求：①不同规格的集料应分别堆放，不得混杂，有条件时应加盖防雨顶棚。②各种规格的集料运达工地后，应对其强度、形状、尺寸、级配、清洁度、潮湿度进行检查。如尺寸不符合规定要求，应重新过筛；若有污染，应用水冲洗干净，干燥后方可使用。

集料质量的控制主要从粗集料、细集料、填料（矿粉）和纤维稳定剂几方面进行。

粗集料的选择应遵循就地取材的原则，注重集料的加工特性，重点检查石料的技术标准能否满足要求，如石料等级、保水抗压强度、磨耗率、磨光值、压碎值等，以确定石料料场。实际中，有些石料虽然达到了技术标准中的要求，但不具备开采条件，在确定料场时也应慎重考虑。在各个料场采集样品，制备试件并进行试验，考虑经济性等问题后确定料场。在选择集料时，勿过分迷信玄武岩。有人认为表面层非玄武岩不能使用，当地没有就去外地买，对当地的石料如辉绿岩、安山岩、闪长岩、石灰岩等质量很好的石料视而不见，特别是花岗岩、砂岩等酸性石料。实际上，只要采取掺加消石灰或抗剥落剂等技术措施，酸性石料也具有较好的应用效果，且玄武岩未必都好，有的吸水率很大，受热稳定性并不好。

细集料的质量是确定料场的重要指标，进场的机制砂、天然砂、石屑应满足规定的质量要求。细集料应洁净、干燥、无风化、无杂质，并有适当的颗粒级配，其中最重要的是洁净。为保证细集料的质量，并从保护环境的角度来看，机制砂是今后细集料的发展方向。

填料（矿粉）必须为石灰岩或岩浆岩中的强基性岩石等憎水性石料经磨细得到的矿粉，原石料中的泥土杂质应除净。矿粉应干燥、洁净，能自由地从矿粉仓流出。拌和机的粉尘可作为矿粉的一部分进行回收使用，但每盘用量不得超过填料总量的25%，掺有粉尘填料的塑性指数不得大于4。当将粉煤灰作为填料使用时，用量不得超过填料总量的50%，粉煤灰的烧失量应小于12%，与矿粉混合后的塑性指数应小于4，其余质量要求与矿粉相同。高速公路、一级公路的沥青面层不宜采用粉煤灰做填料。

纤维稳定剂宜选用木质素纤维、矿物纤维等。其掺加比例以其占沥青混合料总量的质量百分率计算。通常情况下，用于SMA路面的木质素纤维不宜低于0.3%，矿物纤维不宜低于0.4%，必要时可适当增加纤维用量。纤维掺加量的允许误差宜不超过±5%。纤维应存放在室内或有棚盖的地方，松散纤维在运输及使用过程中应避免受潮、结团。使用纤维时必须符合环保要求，不危害身体健康。矿物纤维宜采用玄武岩等矿石制造，易影响环境及造成人体伤害的石棉纤维不宜直接使用。

（二）检查施工机械

沥青混凝土路面施工前，应对各种施工机械做全面检查。具体检查项目为：

1.检查洒油车的油泵系统、洒油管道、量油表、保温设备等有无故障，并将一定数量的沥青装入油罐，在路上试洒，校核其洒油量。每次喷洒前应保持喷油嘴干净，管道畅通。喷油嘴的角度应一致，并与洒油管成15°～25°的夹角。

2.检查矿料撒铺车的传动和液压调整系统，并应事先进行试撒，以确定撒铺每一种规格矿料时应控制的间隙和行驶速度。

3.检查沥青混合料拌和与运输设备。拌和设备在开始运转前要进行一次全面检查，注意各个连接部件螺栓连接的紧固情况，传动链的张紧度，搅拌器内有无积存余料，振动筛筛网规格及网面有无破损，冷料运输机是否运转正常和有无跑偏现象；仔细检查沥青、燃油、导热油和压缩空气供给系统是否畅通，是否有漏沥青、漏油、漏气现象；注意检查沥青拌和设备的电气系统；检查运输车辆是否符合要求，保温设施是否齐全。

4.检查摊铺机的规格和主要机械性能，如振捣板、振动器、熨平板、螺旋摊铺器、离合器、刮板送料器、料斗闸门、厚度调节器、自动调平装置，并检查纵坡、横坡控制器的灵敏性，是否正常工作。作业前，应使用喷雾器向接料斗、推滚、刮板送料器、螺旋摊铺器及熨平板等可能黏着沥青混合料的部位喷洒柴油，但严禁在熨平板预热时喷洒柴油。

5.检查压路机的规格和主要机械性能（如转向、启动、振动、倒退、停驶等方面的能力）及滚筒表面的磨损情况；检查发动机冷却水量、机油量、液压油量是否符合压路机的使用要求；检查燃油量、喷水水箱的水量是否充足，保证能够顺利完成当天的生产任务。

（三）铺筑试验路段

1.铺筑试验路段的目的

铺筑沥青混合料道路时一般就地取材。每个地区的材料性能和特点各不相同，在进行道路设计时，要根据现有的材料确定矿料的级配、沥青用量。道路施工时，各个施工单位使用的设备不同。随着施工技术的不断发展，新技术、新工艺、新材料、新设备不断应用。

铺筑试验路段的目的：

（1）为了减少不定因素造成的风险，防止道路铺筑后产生缺陷。

（2）通过铺筑试验路段，对采用的新技术、新工艺、新材料、新设备进行综合验证和评定。待各项指标完全满足设计要求后，才能正式摊铺施工。

（3）通过试验路段的作业，总结出全套的作业参数，供正式施工时参照执行。

2.铺筑试验路段的要求

铺筑试验路段绝不是一种形式，必须达到所要求的目的。具体应满足以下要求：

（1）高速公路和一级公路在正式施工前，都应铺筑试验路段。

（2）其他等级的公路，在缺乏施工经验或使用新材料、新设备、新施工方法时，也应铺筑试验路段。

（3）只有施工单位、材料、机械设备以及施工方法都相同时，才能用已有的经验施工，无须铺筑试验路段。

（4）试验路段的长度一般为100～200m。

（5）为了确保试验结果准确，应选择直线路段进行试验。

（6）沥青混合料路面的每个结构层都要铺筑试验路段。

（7）确定各层试验路段位置时，不能在同一地段。

3.通过试验路段应得到的数据

热拌热铺沥青混合料路面试验路段的铺筑分试拌及试铺两个阶段，通过试验路段应得到以下数据：

（1）验证设计阶段取得的沥青混合料配合比数据，如目标配合比、生产配合比等数据是否满足设计要求。

（2）对施工准备阶段设定的沥青拌和站的各项参数进行验证，包括拌和时矿料的加热温度、沥青的加热温度、混合料的拌和时间及其他设备生产参数，测量混合料的出厂温度，还要测算拌和站的实际生产率。

（3）测量运输车将混合料运达现场后混合料的温度、运输过程所用的时间、运输车数量是否满足施工要求。

（4）验证各种施工机械的性能是否满足施工质量要求，施工机械的数量是否足够，施工机械匹配是否合理，全套施工机械是否能够满足均衡生产的要求；设备的技术状况是否可靠，性能是否达到最佳稳定运转状态。

（5）测量摊铺机的摊铺温度、松铺系数、摊铺机的各项作业数据。

（6）测量压路机初压时混合料的温度，复压时混合料的温度，复压数遍后终压时混合料的温度及碾压过程所用的时间。使用振动压路机时，比较各振动频率和振幅的碾压效果，确定最佳振动频率和振幅参数。

（7）进行路面渗水系数试验，检查路面沥青混合料的防水性能。

（8）建立用钻孔法与核子密度仪无破损检测路面密度的对比关系，确定压实度的标准检测方法。核子密度仪等无破损检测在碾压成型后的热态条件下测定，取13个测点的平均值为1组数据，一个试验路段不得少于3组；钻孔法在第2d或第3d以后测定，钻孔数不少于12个。

试验路段的铺筑应由有关各方共同参加，及时商定有关事项，明确试验结论。铺筑结束后，施工单位应就各项试验内容提出完整的试验路段施工、检测报告，取得业主或监理的批复。

热拌沥青混合料路面施工工艺包括混合料的拌和、运输、摊铺、压实及接缝处理等。铺筑沥青层前，应检查基层或下卧沥青层的质量，不符合要求的不得铺筑沥青面层。旧沥青路面或下卧层已被污染时，必须清洗或经铣刨处理后方可铺筑沥青混合料。以下对热拌沥青混合料路面的各施工工艺分别进行阐述。

二、沥青混合料的拌和与运输

（一）沥青混合料的拌和

沥青混合料必须在沥青拌和厂（场、站）采用拌和机械拌制。拌和厂的设置必须符合国家有关环境保护、消防、安全等的规定；设计拌和厂与工地现场距离时，应充分考虑交通堵塞的可能性，确保混合料的温度下降符合要求，且不致因颠簸造成混合料离析；拌和厂应具有完备的排水设施，各种集料必须分隔储存，细集料应设防雨顶棚，料场及场内道路应做硬化处理，严禁泥土污染集料。

在拌制一种新配合比的混合料之前，或生产中断了一段时间后，应根据室内配合比进行试拌。通过试拌及抽样试验确定施工质量控制指标。

1.拌和设备

沥青混合料拌和设备按工艺流程可分为间歇式强制搅拌式和连续滚筒式，根据生产能力（按每小时拌和成品料的数量确定）又分为小型（40t/h以下）、中型（40 ~ 350t/h）和大型（400t/h以上）三种。间歇式强制搅拌式拌和设备的生产能力最高可达700t/h，连续滚筒式拌和设备的生产能力最高可达1200t/h。

对于间歇式强制搅拌式拌和设备，冷矿料的烘干、加热与热沥青的拌和先后在不同的设备中进行，采用分批计量、强制拌和的生产工艺，所生产的沥青混合料的油石比和骨料级配具有精度高、拌和均匀、残余含水率低的特点，但设备庞大，动力消耗较高。对于高速公路和一级公路，为了保证路面施工质量，以适应大负荷、大流量的运输工况，规范规定宜选择间歇式强制搅拌式拌和设备。

对于连续滚筒式拌和设备，冷矿料的烘干、加热与热沥青的拌和在同一滚筒内连续进行，采用连续作业、自由拌和的生产工艺，热砂石料和热沥青液连续计量供应，不断搅拌并卸出。其搅拌器较长，装有多对按螺旋形方向安装的搅拌叶片，一端连续进料，另一端连续出料。此种拌和设备紧凑，同等生产率条件下动力消耗小。其一般装有自动控制装置，可以实现自动化生产，生产率较高，但对沥青混合料的油石比和骨料级配控制精度比较低，而且由于沥青接触火焰易老化，使用性能降低。连续滚筒式拌和设备使用的集料必须稳定不变，当一个工程从多处进料，料源或质量不稳定时，不得采用连续滚筒式拌和设备。

按其安装情况，沥青混合料拌和设备又可分为固定式和移动式。前者的全部机组固定安装在场地上，多用于规模较大、工程量集中的场合。后者若为大、中型设备，则全部机组分装在几辆特制平板挂车上，拖运到施工地点后拼装架设，多用于公路施工工程；若为小型设备，则机组安装在一辆特制平板挂车上，可随时转移，多用于道路维修工程。

选择沥青混合料拌和设备时还应注意以下情况：

（1）间歇式强制搅拌式拌和设备的总拌和能力满足施工进度要求。拌和设备除尘设备完好，能达到环保要求。冷料仓的数量满足配合比需要，通常为5～6个。拌和设备应配备有添加纤维、消石灰等外掺剂的设备。

（2）沥青混合料拌和设备的各种传感器必须定期检查，每年不少于一次。冷料供料装置须经标定得出集料的供料曲线。

2.材料要求

集料进场后，宜在料堆顶部平台卸料。经推土机推平后，铲运机从底部按顺序竖直装料，以减少集料离析。集料与沥青混合料取样应符合现行试验规程的要求。从沥青混合料运料车上取样时，必须设置取样台，分几处采集一定深度下的样品。热拌沥青混合料宜当天拌和、当天摊铺。若遇特殊情况，如下雨或摊铺设备出故障不能立即摊铺时，可于成品储料仓内储存。

3.拌和质量控制

（1）高速公路和一级公路施工采用的间歇式强制搅拌式和设备必须配备计算机，拌和过程中逐盘采集并打印各个传感器测定的材料用量和沥青混合料拌和量、拌和温度等各种参数，每个台班结束时打印出一个台班的统计量。按现行《公路沥青路面施工技术规范》中规定的方法，进行沥青混合料生产质量及铺筑厚度的总量检验，若总量检验数据有异常波动，则应立即停止生产并分析原因。

（2）控制沥青混合料的温度。沥青混合料的出厂温度通常由沥青、矿料的加热温度控制。沥青混合料拌制完成出厂，运到施工现场时混合料的温度对摊铺质量影响很大，摊铺完成后铺层混合料的温度对压实的密实度影响最大。如果混合料的温度过低，铺筑的混合料还没有完全压实就已经冷却，铺筑层混合料将不能被压实，路面就达不到规定的密实度，路面的强度、防水性能均会受到很大的影响。通常改性沥青混合料凝结温度高，施工温度要比普通沥青混合料的施工温度高。

（3）拌和机的矿粉仓应配备振动装置以防止矿粉起拱。添加消石灰、水泥等外掺剂时，宜增加粉料仓，也可由专用管线和螺旋升送器直接加入拌和锅。若消石灰、水泥与矿粉混合使用，应注意二者因密度不同容易发生离析。

（4）拌和机必须有两级除尘装置。经一级除尘的部分可直接回收使用，二级除尘的部分可进入回收粉仓使用（或废弃）。对因除尘造成的粉料损失应补充等量的新矿粉。

（5）沥青混合料拌和时间根据具体情况经试拌确定，以沥青均匀裹覆集料为度。间歇式强制搅拌式拌和设备每盘的生产周期不宜少于45s（其中干拌时间不少于5～10s），改性沥青和SMA混合料的拌和时间应适当延长。

（6）间歇式强制搅拌式拌和设备的振动筛规格应与矿料规格相匹配，最大筛孔宜略大于混合料的最大粒径，其余筛的设置应考虑混合料的级配稳定，并尽量使热料仓大体均衡，不同级配的混合料必须配置不同的筛孔组合。

（7）间隙式强制搅拌式拌和设备宜备有保温性能好的成品储料仓，储存过程中混合料温降不得大于10℃，且不能有沥青滴漏。普通沥青混合料的储存时间不得超过72h，改性沥青混合料的储存时间不宜超过24h，SMA混合料只限当天使用，OGFC混合料宜随拌随用。

（8）生产添加纤维的沥青混合料时，纤维必须在混合料中充分分散，拌和均匀。拌和设备应配备同步添加投料装置，松散的絮状纤维可在喷入沥青的同时或稍后采用风送设备喷入拌和锅，拌和时间宜延长5s以上。颗粒纤维可在粗集料投入的同时自动加入，经5~10s干拌后再投入矿粉。纤维的添加量很小时，也可分装成塑料小包或由人工量取直接投入拌和锅。

（9）使用改性沥青时，应随时检查沥青泵、管道、计量器是否堵塞，堵塞时应及时清洗。

（10）沥青混合料出厂时，应逐车检测沥青混合料的质量和温度，记录出厂时间，签发运料单。

（二）沥青混合料的运输

沥青混合料成品应及时运往工地。运输前应查明工地的具体位置、施工条件、摊铺能力、运输路线、运距、运输时间，以及所需混合料的种类和数量等，合理确定运输车辆数量。沥青混合料在运输过程中极易发生离析现象，其中尤以级配离析和温度离析居多。因此，控制和减少离析现象的发生是运输过程中质量控制的重点。

1.运输过程中的级配离析

运输过程中级配离析的发生主要有以下几种情况：

（1）沥青拌和设备生产的混合料进入储存罐储存时，由于储存罐装置有所不同，粗集料滚向一侧，使得混合料发生离析。

（2）在沥青混合料从拌缸直接装车的过程中，规格大的石料和多面体、圆形的石料滚动较快，从而被堆放在沥青混合料周围的下部。由于沥青的黏结作用，规格小的集料相互吸附而不易滚动，因此被堆放在沥青混合料堆的中间。如果一次装完沥青混合料，易使较大的碎石滚到车辆前部、后部和两侧，从而造成离析。

（3）在沥青混合料从运输车中倒入摊铺机料斗的过程中，堆放在沥青混合料堆四周的粗集料聚集部分同时进入摊铺机料斗，而摊铺机的输料器无法消除这种离析现象，铺筑在路面上就造成了周期性的离析。

（4）载货汽车在储料仓下快速装料时，驾驶员若不移动车辆，较大粒径碎石将滚到载货汽车前部、后部和两侧，使得卸料时开始卸下的料和最后卸下的料都是粗集料，两侧的粗集料被卸到摊铺机受料斗的两块侧板上。这种装料方式使该车料铺筑路面的中间部分区域产生离析现象。

此外，运输过程中路况不平或运料车的突然制动，也会加剧沥青混合料的离析。

2.运输过程中的温度离析

沥青混合料从拌和厂向摊铺现场运输的过程中，沥青混合料温度与周围温度相差很多，热交换的作用会导致混合料温度在到达现场前有较大的下降。沥青混合料的温度愈高，其温度下降愈多；周围环境温度愈低，热量损失愈大。由于沥青和集料的导热系数较小，热量传导缓慢，在产生热量损失的车厢周边，冷混合料较多，中心混合料温度下降量较小。这样就在载货汽车的周边混合料与中心混合料之间产生了温度差异。

即使在炎热的夏天，环境温度比沥青混合料的温度也要低得多。车厢壁传导、对流、辐射三种方式的热量交换，会造成沥青混合料的热量损失，从而引起沥青混合料温度的下降。热量的损失主要出现在靠近车厢壁的混合料中，中心区域混合料温度下降量较小。

3.运输过程中离析的控制

要实现运输过程中沥青路面的施工质量控制，必须有效控制和减少离析现象的发生，可以从以下三方面入手：

（1）装料和卸料方法

在从储料仓卸料至运料车的过程中，为减少沥青混合料颗粒的离析，应尽量缩短出料口至车厢的下料距离，以保持50cm为宜，且运料车应停在不同位置受料。汽车位置需要进行前、后、中三次改变，以实现平衡装料，从而减小载货汽车中混合料的离析程度。此外，也可分两层装料，装每层时先装载中间再装载前部、后部。通过试验路段，验证该措施克服离析现象的效果更佳。

当载货汽车将料卸入摊铺机受料斗时，应尽量使混合料整体卸落，而不是逐渐将混合料卸入受料斗。因此，车厢底板需要处于良好的启闭状态并涂润滑剂，使全部混合料同时向后滑动。快速卸料可预防粗粒料集中在摊铺机受料斗两侧的外边部。经调研发现，我国较多高速公路的施工现场均存在粗集料集中于摊铺机受料斗两侧板边部的情况。

（2）运输过程的控制

由于大吨位的运输车辆易于保温，因此热拌沥青混合料宜采用较大吨位的运料车运输，但不得超载运输，或急刹车、急弯掉头使透层、封层发生损伤。运输过程中，混合料宜用篷布覆盖，以保温、防雨、防污染。为更好地减轻温度离析现象，可采用双层篷布中间加海绵的方式覆盖，将其固定在车上，卸料时不揭开。

（3）合理的施工组织管理

在沥青混合料成品运达工地之前，应对工地的具体摊铺位置、运输路线、运距、运输时间、施工条件、摊铺能力以及所需混合料的数量等做详细核对。

为减少在摊铺机前频繁换车卸料的情况，应采用大型自卸汽车运送沥青混合料到摊铺现场。运料车辆的数量和总运输能力应较拌和机生产能力和摊铺速度有所富余。

为避免由于现场供料不足而造成摊铺机停机待料，拌和设备成品储料仓内应储存足够的混合料。施工中应保证将拌和机拌制的沥青混合料（包括预先储存在拌和厂成品储料仓内的混合料）及时运送到摊铺现场，并在摊铺机前尽量保持4～5车沥青混合料待卸。

4.运输过程中的注意事项

（1）运料车每次使用前后必须清扫干净，在车厢板上涂一薄层防止沥青黏结的隔离剂或防黏剂，但不得有余液积聚在车厢底部。运料车进入摊铺现场时，轮胎上不得沾有泥土等可能污染路面的脏物，宜设水池洗净轮胎后进入工程现场。

（2）沥青混合料在摊铺地点凭运料单接收。若混合料不符合施工温度的要求，或已经结成团块、已遭雨淋，则不得铺筑。

（3）摊铺过程中，运料车应在摊铺机前100～300mm处停放，空挡等候。由摊铺机推动前进开始缓缓卸料，避免撞击摊铺机。

（4）有条件时，运料车可将混合料卸入具有保温作用的转运车，经二次拌和后再向摊铺机连续、均匀地供料。运料车每次卸料时必须倒净，尤其是对改性沥青或SMA混合料，如有剩余，应及时清除以防止硬结。

（5）SMA及OGFC混合料在运输、等候过程中，如发现有沥青结合料沿车厢板滴漏，应采取措施予以避免。

三、沥青混合料摊铺技术

摊铺作业是沥青混凝土路面施工的关键工序之一，常包括下承层准备、施工放样、摊铺机各种参数的调整与选择、摊铺机作业等主要内容。

（一）准备工作

1.下承层的准备

沥青混合料的下承层（前一层）是指基层、联结层或面层下层。虽然下承层完成之后已进行过检查验收，但在两层施工的间隔很可能因某种原因，如雨天、施工车辆通行或其他施工干扰等，使其发生不同程度的损坏，如基层可能会出现弹软、松散或表面浮尘等，因此须对其进行维修。沥青类联结层下层表面可能被泥泞污染，必须将其清洗干净。下承层表面出现的任何质量缺陷，都会影响到路面结构的层间结合强度，以致影响路面整体强度。特别是当桥头及通道两端基层出现沉陷时，应在两端全宽范围内进行挖填处理（在一定深度与长度范围内重新分层填筑与压实），并在两端适当长度内，线型略向上抬起0～3cm，使线型"饱满"。对下承层的缺陷进行处理后，即可洒透层油或黏层油。

（1）透层油

为使沥青面层与非沥青材料基层结合良好，沥青路面各类基层上都必须喷洒透层油。根据基层类型选择渗透性好的液体沥青、乳化沥青、煤沥青做透层油，喷洒后通过钻孔或挖掘确认透层油渗入基层的深度宜不小于5（无机结合料稳定集料基层）～10mm（无结合料基层），并能与基层联结成一体。

在洒布透层油时应注意以下事项：

①透层油洒布后应不致流淌，并应渗入基层一定深度，不得在表面形成油膜。

②气温低于10℃时，不宜喷洒透层油。

③遇大风或将要下雨时，不能喷洒透层油。

④应按设计喷油量一次均匀洒布，当有漏洒时，应人工补洒。

⑤喷洒透层油后，一定要严格禁止人和车辆通行。

⑥在摊铺沥青前，应将局部多余的未渗入基层的沥青清除。

⑦透层油洒布后应待充分渗透，一般不少于24h，之后才能摊铺上层，但也不能在透层油喷洒后很长一段时间不做上层施工，应尽早施工。

⑧对无机结合料稳定的半刚性基层喷洒透层油后，如果不能及时铺筑面层，且须开放交通，应铺撒适量的石屑或粗砂，此时宜将透层油增加10%的用量。之后用6～8t钢筒式压路机稳压一遍，并控制车速。

（2）黏层油

黏层油使上、下层沥青结构层或沥青结构层与结构物（或水泥混凝土路面）完全黏结成一个整体。黏层油宜采用快裂或中裂乳化沥青、改性乳化沥青，也可采用快、中凝液体石油沥青，其规格和质量应符合规范中的要求，所使用的基质沥青标号宜与主层沥青混合料相同。一般符合下列情况之一时，必须喷洒黏层油。

①双层式或三层式热拌热铺沥青混合料路面的沥青层之间。

②水泥混凝土路面、沥青稳定碎石基层或旧沥青路面层上加铺沥青层。

③路缘石、雨水口、检查井等构造物与新铺沥青混合料接触的侧面。

在洒布黏层油时应注意以下事项：

①黏层油宜采用沥青洒布车喷洒，并选择适宜的喷嘴，洒布速度和喷洒量要保持稳定；气温低于10℃和路面潮湿时不得喷洒黏层油；寒冷季节施工不得不喷洒时，可以分成两次喷洒；用水洗刷后须待表面干燥后再喷洒。

②喷洒的黏层油必须呈均匀雾状，在路面全宽范围内均匀分布成一薄层，不得漏空或

呈条状，也不得堆积。喷洒不足的要补撒，喷洒过量处应予以刮除。喷洒黏层油后，严禁除运料车外的其他车辆和行人通过。

③黏层油宜在当天洒布，待乳化沥青破乳、水分蒸发完成，或稀释沥青中的稀释剂基本挥发完成后，再铺筑沥青层，以确保黏层不受污染。

2.施工放样

施工放样必须超前于摊铺施工，要尽可能减少放样误差。施工放样包括标高测定与平面控制两项内容。

标高测定的目的是确定下承层表面高程与原设计高程相差的确切数值，以便在挂线时纠正到设计值或保证施工层厚度。根据标高值设置挂线标准桩，借以控制摊铺厚度和标高。无自控装置的摊铺机不存在挂线问题，但应根据所测的标高值和本层应铺厚度综合考虑确定实铺厚度，用适当垫块或定位螺旋调整就位。为便于掌握铺筑宽度和方向，还应放出摊铺的平面轮廓线或设置导向线。

标高放样时应考虑下承层的标高差值（设计值与实际标高值之差）、厚度和本层应铺厚度。综合考虑后定出挂线桩顶的标高，再打桩挂线。当下承层的厚度不够时，应在本层内加入厚度差并兼顾设计标高。如果下承层的厚度足够而标高低，则应根据设计标高放样。如果下承层的厚度与标高都超过设计值，则应按本层厚度放样。若下承层的厚度和标高都不够，则应按差值大的为标准进行放样。总之，标高放样不但要保证沥青路面的总厚度，而且要考虑使标高不超出容许范围。当两者矛盾时，应以满足厚度为主考虑放样，放样时计入实测的松铺系数。

3.摊铺机的准备

热拌沥青混合料应采用沥青摊铺机摊铺。在喷洒过黏层油的路面上铺筑改性沥青混合料或SMA时，宜使用履带式摊铺机。摊铺机的受料斗应涂刷薄层隔离剂或防黏结剂。

铺筑高速公路、一级公路沥青混合料时，一台摊铺机的铺筑宽度不宜超过6（双车道）～ 7.5m（三车道以上），通常宜采用两台或两台以上摊铺机前后错开10 ～ 20m呈梯队方式同步摊铺。两幅之间应有30 ～ 60mm宽的搭接，并躲开车道轮迹带，上、下层的搭接位置宜错开200mm以上。

开工前应提前0.5 ～ 1h预热熨平板，使其温度不低于100℃。铺筑过程中应保证熨平板的振捣或夯锤压实装置具有适宜的振动频率和振幅，以提高路面的初始压实度。熨平板加宽连接时，应仔细调节至摊铺的混合料没有明显的摊铺痕迹。

（二）摊铺机施工作业

1.摊铺机的作业速度

摊铺机的作业速度对摊铺机的作业效率和摊铺质量影响极大。正确选择作业速度是加快施工进度，提高摊铺质量的重要手段。如果摊铺机时快时慢、时开时停，将导致熨平板受力系统平衡变化频繁，会对铺层平整度和密实度产生很大影响：过快则铺层疏松，供料困难；停机会使铺层表面形成台阶状，且料温下降，不易压实。

摊铺机必须缓慢、均匀、连续不间断地摊铺，不得随意变换速度或中途停顿，以提高平整度，减少混合料的离析。摊铺速度可根据混合料的供给能力、摊铺宽度和厚度确定。一般情况下，摊铺速度宜控制为 2 ~ 6m/min。对于改性沥青混合料及 SMA 混合料，宜放慢至 1 ~ 3m/min。当发现混合料出现明显的离析、波浪、裂缝、拖痕时，应分析原因并予以消除。

2.摊铺机的调平方式

现代沥青混合料摊铺机有完善的自动调平装置，包括纵坡调平和横坡调平两种调平装置。纵坡调平装置是在摊铺机一侧的地面上设置一条水平的纵坡基准线作为参照物，摊铺机作业时比照该基准线摊铺，使该侧摊铺始终保持设定高度。横坡调平装置是在纵坡控制的基础上进行控制的。当熨平板的一侧用纵坡控制保持设定高度后，横坡调平装置可使熨平板保持横向水平，使铺筑的路面成为一个水平面。横坡调平装置也可使熨平板始终保持一定的横向坡度，以满足道路横向路拱的坡度要求。使用时可根据需要采用纵坡和横坡配合控制，也可以选择使用两个纵坡控制。

纵坡基准是摊铺机能够摊铺出平整路面的基础，分为绝对高程基准和地面平均高程基准。在实际施工中，绝对高程基准适用于摊铺下面层和中面层，以保证路面各个部位的高程；地面平均高程基准适用于摊铺表面层，使摊铺表面圆润、平滑，以提高车辆行驶的舒适性。绝对高程基准包括钢丝绳基准、铝合金梁基准、路缘石基准等，一般应在摊铺施工前在地面上设置。地面平均高程基准包括拖梁基准、滑靴平衡梁基准、多足式基准梁基准、大型平衡梁基准、声呐平衡梁基准等。其中，声呐平衡梁是通过声呐测量地面的平整度，采用非接触测量，也称为非接触式平衡梁。

一般情况下，摊铺机应采用自动调平方式。下面层或基层宜采用钢丝绳引导的高程控制方式，上面层宜采用平衡梁或雪橇式摊铺厚度控制方式，中面层根据情况选用找平方式。直接接触式平衡梁的轮子不得黏附沥青，铺筑改性沥青或 SMA 路面时宜采用非接触式平衡梁。

3.摊铺温度

沥青路面施工必须有施工组织设计，并保证合理的施工工期。寒冷季节遇大风降温，不能保证迅速压实时不得铺筑沥青混合料。热拌沥青混合料的最低摊铺温度根据铺筑层厚度、气温、风速及下卧层表面温度按规范执行。每天施工开始阶段宜采用较高温度的混合料。

4.松铺系数

沥青混合料的松铺系数应根据混合料类型经试铺试压确定。摊铺过程中，应随时检查摊铺层厚度及路拱、横坡。摊铺层的平均压实厚度利用一个评定周期内的沥青混合料总生产量、施工总面积、沥青混合料密度求得。

（三）摊铺过程中的质量检验、质量缺陷及防止对策

1.质量检验

（1）沥青含量的直观检查

若混合料又黑又亮，料车上的混合料呈圆锥状或混合料在摊铺机受料斗中"端动"，则表明沥青含量正常；若混合料特别黑亮，料车上的混合料呈平坦状或沥青结合料从骨料中分离出来，则表明沥青含量过大（或骨料没有充分烘干，表面上看起来沥青太多）；若混合料呈褐色，暗而脆，粗集料没有被完全裹覆，受料斗中的混合料不"蠕动"，则表明沥青含量太少（或过热，拌和不充分）。

（2）混合料温度检测

沥青混合料在正常摊铺和碾压温度范围内，往往冒出淡蓝色蒸汽。沥青混合料产生黄色蒸汽或缺少蒸汽分别说明温度过高或过低。通常在运料车到达工地时测定混合料的温度，有时在摊铺后测定。每天早晨要特别注意做这项检查，因此时下承层表面的温度和气温都比较低。只要混合料温度较低或初次碾压，而压路机跟不上时，就应测定温度。测量摊铺层的温度时，应将温度计的触头插进未压实的面层中部，然后周围轻轻用足踏实。目前，也有许多地方采用电子点温计测定。

（3）厚度检测

摊铺机在摊铺过程中应经常检测虚铺厚度。

（4）表观检查

未压实混合料的表面结构无论是纵向还是横向都应均匀、密实、平整，无撕裂、小波浪、局部粗糙、拉沟等现象，否则应查明原因并及时处理。

2.摊铺中的质量缺陷及防止对策

在沥青混合料的摊铺过程中，常见的质量缺陷主要有：厚度不准、平整度差（小波浪、台阶）、混合料离析、裂纹、拉沟等。产生这些质量缺陷的原因主要是机械本身的调整、摊铺机的操作和混合料的质量等方面。为了防止和消除在施工中可能发生的各种质量缺陷，在沥青混合料摊铺过程中应注意以下四点：

（1）波浪形基层的摊铺不必考虑摊铺厚度的均一性，实际的混合料用量应比理论计算值大。在波浪地段，即使摊铺得很平整，碾压后仍会出现与基层相似的波形。因此，对有大波浪的基层应在其凹陷处预先铺上一层混合料，并予以压实。

（2）摊铺机的操作及本身的调整对摊铺质量影响很大。一般非操作人员不准上、下摊铺机；不准在熨平板上放置物体，如水桶、工具等；不准随意调节熨平板的厚度调节手柄，厚度变化较大时，应查明原因，按坡度标准要求进行调节；纵向传感器与熨平板边沿的距离应当恒定，不能时远时近，特别是在有横坡的路段，该距离变化将引起铺层厚度的变化；应时刻注意摊铺机的行走方向线，避免急掉方向；摊铺机的螺旋布料器应相应于摊铺速度调整到一个稳定的速度均衡转动，两侧应保持有不少于送料器2/3高度的混合料，以减少摊铺过程中混合料的离析。

（3）沥青混合料的性质也是影响摊铺质量的主要原因之一。混合料的性质不稳定，易使摊铺厚度发生变化，如温度过高、沥青量过多、矿粉掺量过多等都会使摊铺层变薄。当矿料中的大颗粒尺寸大于摊铺厚度时，在摊铺过程中该大颗粒将被熨平板拖着滚动，导致铺层产生裂纹、拉沟等，所以应严格控制矿料粒径，使其最大粒径小于摊铺厚度的一半。混合料的配合比不当会产生全铺层的裂缝，所以必须调整混合料的配合比。同时，在混合料摊铺过程中，用机械摊铺的混合料不宜用人工反复修整。当不得不由人工做局部找补或更换混合料时，须仔细进行，特别严重的缺陷应整层铲除。

（4）其他因素。摊铺过程中应设专人指挥自卸车的停车、起顶、卸料，防止自卸车撞击摊铺机。在雨季铺筑沥青路面时，应加强气象联系，已摊铺的沥青层因遇雨未行压实的应予以铲除。在路面狭窄部分、平曲线半径过小的匝道或加宽部分，以及小规模工程中不能采用摊铺机铺筑时，可用人工摊铺混合料。

（四）沥青混合料的压实技术

压实是沥青混凝土路面施工的最后一道工序，目的是提高沥青混合料的强度、稳定性以及疲劳特性。若采用优质的筑路材料、精良的拌和与摊铺设备及良好的施工技术，则可以摊铺出较理想的混合料层。但一旦碾压中出现任何质量缺陷，则必将前功尽弃。因此，必须重视压实工作。

1.压实机械的选择

压路机种类很多，目前最常用的压路机有静力光轮压路机、轮胎压路机和振动压路机。静力光轮压路机和轮胎压路机一般采用机械传动，振动压路机大多采用液压传动。

（1）静力光轮压路机

静力光轮压路机按其质量可分为特轻型（0.5～2t）、轻型（2～5t）、中型（5～10t）、重型（10～15t）和特重型（15～20t）五种，按轮数可分为拖式、双轮式和三轮式三种。目前使用较多的是中型和特重型两轮或三轮压路机，依靠其自重或附加配重对路面产生静压力，单位直线静压力为4000～12 000kPa。两轮静力光轮压路机的后轮为驱动轮，其质量一般为8～10t，适用于沥青路面的初压和终压。三轮静力光轮压路机也是两后轮为驱动轮，质量一般为12～18t，由于其单位直线静压力大，易使混合料推移，且启动、停机不灵活，目前已不多用。

（2）轮胎压路机

轮胎压路机通常有5～11个光面橡胶碾压充气轮胎，工作质量一般为5～25t。目前常用前5轮、后6轮的9～16t机型，轮胎压力为500～620kPa。使用轮胎压路机进行初压时产生的推移小，过去使用较多。但使用轮胎压路机进行初压时，由于混合料温度较高而易出现轮胎压痕，在低温季节或大风环境中混合料的温度下降较快，该痕迹难以被后续的碾压作业消除。轮胎压路机目前主要用作中间碾压，利用其揉压作用可以有效提高压实度，减少静力压路机碾压后表面产生的细裂纹和孔隙。应用轮胎压路机压实摊铺侧边时对路缘石的擦边碰撞破坏也较小。当铺层温度较高时（大于80℃）不宜用轮胎压路机进行终压，以免留有轮胎印痕。

（3）振动压路机

振动压路机的压实功主要来自自重和钢轮振动的共同作用。沥青路面施工常用的振动压路机质量为7～18t，激振力为150～300kN，主要机型为单碾压轮式振动压路机和双碾压轮式（串联）振动压路机。单碾压轮式振动压路机前面有一个振动轮，后面配置两个橡胶驱动轮。由于其轮胎的印花较深，且自重和激振力较大，通常只用作复压。双碾压轮式振动压路机依靠两个碾压轮共同驱动，具有可调的振频和振幅，目前使用最为广泛。

沥青路面施工应配备足够数量的压路机，选择合理的压路机组合方式及初压、复压、终压（包括成型）的碾压步骤，以达到最佳碾压效果。在高速公路上铺筑双车道沥青路面的压路机不宜少于5台。当施工气温低、风大、碾压层薄时，压路机的数量应适当增加。

2.碾压速度、温度和厚度

（1）碾压速度

压路机应以慢而均匀的速度碾压，压路机的碾压速度应符合规定。压路机的碾压路线及碾压方向不应突然改变而导致混合料推移。碾压区的长度应大致恒定，两端的折返位置应随摊铺机的前进而推进，横向不得在相同的断面上。

（2）碾压温度

压路机的碾压温度应符合相关要求，并根据混合料种类、压路机、气温、层厚等经试压确定。在不产生严重推移和裂缝的前提下，初压、复压、终压都应在尽可能高的温度下进行。同时，不得在低温状况下反复碾压，以免石料棱角被磨损、压碎，破坏集料嵌挤。

（3）碾压厚度

沥青混凝土压实层的最大厚度不宜大于100mm，沥青稳定碎石混合料的压实层厚度不宜大于120mm，但当采用大功率压路机且经试验证明能达到压实度时允许增大到150mm。

3.碾压作业程序

碾压分为初压、复压和终压三道工序。

（1）初压

初压的目的是整平和稳定沥青混合料，同时为复压创造有利条件，因此要注意压实的平整性。初压应紧跟摊铺机后进行，并保持较小的初压区长度，以尽快将表面压实，减少热量散失。摊铺后初始压实度较大，经实践证明采用振动压路机或轮胎压路机直接碾压无严重推移而有良好效果时，可免去初压而直接进入复压工序。通常宜采用钢轮压路机静压1～2遍。碾压时应将压路机的驱动轮面向摊铺机，从外侧向中心碾压，在超高路段则由低处向高处碾压，在坡道上应将驱动轮从低处向高处碾压。初压后应检查平整度、路拱，有严重缺陷时应进行修整乃至返工。

（2）复压

复压的目的是使沥青混合料密实、稳定、成型，混合料的密实程度取决于复压，因此复压必须与初压紧密衔接，不得随意停顿。压路机碾压段的总长度应尽量小，通常不超过60～80m。采用不同型号的压路机组合碾压时，宜安排一台压路机做全幅碾压，以防止不同部位的压实度不均匀。

密级配沥青混凝土的复压宜优先采用重型轮胎压路机进行搓揉碾压，以增强密水性，其总质量不宜小于25t，每一轮胎的压力不小于15kN。相邻碾压带应重叠1/3～1/2的碾压轮宽度，压完全幅为一遍，碾压至要求的压实度，且无显著轮迹为止。总的碾压遍数由试压确定，且不宜少于4～6遍。

对于以粗集料为主的较大粒径的混合料，尤其是大粒径沥青稳定碎石基层，宜优先采用振动压路机复压。厚度小于30mm的薄沥青层不宜采用振动压路机碾压。振动压路机的振动频率宜为35～50Hz，振幅宜为0.3～0.8mm。层厚较大时选用低频率、大振幅，以产生较大的激振力；厚度较小时采用高频率、低振幅，以防止集料破碎。相邻碾压带重叠宽度为100～200mm。振动压路机折返时应先停止振动。

当采用三轮钢筒式压路机时，总质量不宜小于12t，相邻碾压带宜重叠后轮的1/2宽度，并不应小于200mm。

（3）终压

终压的目的是消除轮迹，形成平整的压实面，因此这道工序不宜采用重型压路机在高温下完成，否则会影响平整度。终压应紧接在复压后进行，如经复压后已无明显轮迹，可免去终压。

终压可选用双轮钢筒式压路机或关闭振动的振动压路机进行，碾压不宜少于两遍，至无明显轮迹为止。对未压实的边角应辅以小型机具压实。

4.碾压注意事项

为保证沥青混合料的压实质量，在碾压过程中还应注意以下事项：

（1）碾压过程中，碾压轮应保持清洁，有混合料沾轮时应立即清除。对钢轮可涂刷隔离剂或防黏结剂，但严禁刷柴油。当采用向碾压轮喷水（可添加少量表面活性剂）的方式时，必须严格控制喷水量且使其呈雾状，不得漫流，以防混合料降温过快。轮胎压路机在开始碾压阶段可适当烘烤，涂刷少量隔离剂或防黏结剂，也可少量喷水，并先到高温区碾压使轮胎尽快升温，之后停止洒水。轮胎压路机轮胎外围宜加设围裙保温。

（2）压路机不得在未碾压成型的路段上转向、掉头、加水或停留。在当天成型的路面上，不得停放各种机械设备或车辆，不得散落矿料、油料等杂物。

（3）路边碾压。压路机在设有支承边的厚层上碾压时，可在离边缘30～40cm（较薄层时，预留20cm）处开始碾压作业。这样就能在路边压实前形成一条支承侧面，以减少沥青混合料碾压时铺层塌边。在碾压留下的未压部分时，压路机每次只能向自由边缘方向推进10cm。

（4）弯道或交叉口碾压。应选用铰接转向式压路机作业，先从弯道内侧或弯道较低一边开始碾压（以利于形成支承边）。急弯处应尽可能采取直线式碾压（缺角式碾压），并逐一转换压道，缺角处用小型机具压实。压实中应注意转向同速度要吻合，尽可能采用振动碾压，以减小剪切力。

（5）陡坡碾压。在陡坡碾压时，压路机的很大部分作用力将作用于下坡方向，因而增加了混合料顺坡下移的趋势。为抵消这种趋势，除了下承层表面必须清洁、干燥，喷洒黏层油外，压实时还应注意先采用轻型压路机进行预压（轮胎压路机不宜用作预压）。无论是上坡还是下坡，压路机的从动轮应始终跟着摊铺方向，驱动轮在后（与一般路段碾压时相反）。这样从动轮起到了预压作用，从而使沥青混合料能够承受驱动轮所产生的剪切力。如果采用振动压路机，应先静碾，待混合料稳定后方可采用低振幅的振动碾压。在陡坡碾压中，压路机的启动、停止、变速要平稳，避免速度过高或过低，同时沥青混合料的温度也不宜过高（取压实时温度范围的下限为宜）。

（6）SMA路面。SMA路面宜采用振动压路机或钢筒式压路机碾压，不宜采用轮胎压路机碾压，以防将沥青结合料搓揉、挤压、上浮。振动压路机应遵循"紧跟、慢压、高频、低幅"的原则，即紧跟在摊铺机后，采取高频率、低振幅的方式慢速碾压。一般情况下，用10t钢筒式压路机紧跟摊铺机后初压1～2遍，复压时静碾3～4遍或振动碾压2～3遍，最后用较宽的钢筒式压路机终压1遍即可，切忌过碾。如发现SMA混合料高温碾压有推拥现象，应复查其级配是否合适。

（7）OGFC路面。OGFC路面宜采用小于12t的钢筒式压路机碾压。

5.接缝处理

沥青路面必须接缝紧密，连接平顺，不得产生明显的接缝离析。接缝处若处理不当极易产生病害，施工过程中必须十分注意。在接缝处，上、下层的纵缝至少应错开15cm（热接缝）或30～40cm（冷接缝），相邻两幅及上、下层的横向接缝均应错开1m以上。接缝处施工应用3m直尺检查，确保平整度符合要求。

（1）纵向接缝

①摊铺时采用梯队作业的纵缝应采用热接缝，将已摊铺部分留下100～200mm宽暂不碾压，作为后续摊铺部分的基准面，待后续摊铺部分碾压时采用跨缝碾压以消除缝迹。

②半幅施工或因特殊原因而产生纵向冷接缝时，宜加设挡板或用切刀切齐，也可在混合料尚未完全冷却前用镐刨除边缘留下毛茬，但不宜在冷却后采用切割机做纵向切缝。加铺另半幅前应涂撒少量沥青，重叠在已铺层上50～100mm，再铲走铺在前半幅上的混合料，碾压时由边向中碾压，预留100～150mm，再跨缝挤紧压实。或者先在已压实路面上行走碾压新铺层150mm左右，然后压实新铺部分。

（2）横向接缝

横向接缝的形式有斜接缝、阶梯形接缝和平接缝。在具体选择过程中应满足以下要求：

①高速公路和一级公路表面层的横向接缝应采用垂直的平接缝，以下各层可采用自然碾压的斜接缝，沥青层较厚时也可做阶梯形接缝。其他等级公路的各层均可采用斜接缝。

②斜接缝的搭接长度与层厚有关，宜为0.4～0.8m。搭接处应撒少量沥青，混合料中的粗集料颗粒应予以剔除，并补上细料，以使搭接平整，充分压实。阶梯形接缝的台阶经铣刨而成，并洒黏层油，搭接长度不宜小于3m。

③平接缝宜趁尚未冷透时用凿岩机或人工垂直刨除端部层厚不足的部分，使工作缝成直角连接。当采用切割机制作平接缝时，宜在铺设当天混合料冷却但尚未硬结时进行。刨除或切割不得损伤下层路面。切割时留下的泥水必须冲洗干净，待干燥后涂刷黏层油。铺筑新混合料前，应加热接茬使其软化。碾压开始时，先用钢筒压路机进行横向碾压，可将压路机位于已压实的混合料层上，跨缝伸入新铺层宽150mm碾压。每压一遍向新铺混合料方向移动150～200mm，直至全部在新铺路面上为止。然后改为纵向碾压，此时应注意不要在横接缝上垂直碾压，以免引起新旧层错台。

热拌沥青混合料路面应待摊铺层完全自然冷却，混合料表面温度低于50℃后，方可开放交通。需要提早开放交通时，可洒水以降低混合料温度。铺筑好的沥青层应严格控制交通，做好保护，保持整洁，不得造成污染，严禁在沥青层上堆放施工产生的土或杂物，严禁在已铺沥青层上制作水泥砂浆。

第二节　水泥混凝土路面施工技术

一、水泥混凝土路面的构造和特点

（一）水泥混凝土路面的构造

1.路基

水泥混凝土弹性模量较大，面板具有较高的刚度和荷载扩散能力，通过面板层传到路基顶面的荷载压应力值很小，因此，水泥混凝土路面并不要求强度大或承载力高的路基。然而，如果路基的稳定性不足，产生不均匀沉陷，就会使面板在受荷时底部产生过大的弯拉应力，导致混凝土路面破坏。

路基支承不均匀主要是由于填料的土质不均匀、湿度不均匀、膨胀土冻胀、湿软地基未达充分固结、排水设施不良、压实不足或不当，以及新老路基交接处、填挖交界处处理不当等多种原因所造成的。为了保证路基支承的均匀性，处理措施如下：

（1）选择合适的填料。宜选用低膨胀性土或对冰冻不敏感的土作填料；将膨胀性高或对冰冻敏感的土放在路堤的下层，而在上层用好填料填筑；不同来源和性质的填料进行适当的拌和等。

（2）控制压实度和压实时的含水量。在气候为润湿、中湿或过湿的地区压实塑性土，压实时的含水量宜略高于最佳含水量。

（3）加强路基排水设施。尽可能提高路基设计标高或加深边沟底部深度，以增加路面同地下水位之间的距离。设置路基排水设施，以拦截透水层流向路基的渗透水或降低地下水位。

（4）对路基上层土进行处理。路基上层土，特别是对于湿软土层，应采用低剂量石灰或水泥等结合料做稳定处理。

2.基层和垫层

水泥混凝土面层下设置基层和垫层，主要有如下五方面的作用：

（1）防唧泥。混凝土面层若直接放在路基上，会由于路基土塑性累计变形量大、细料含量多和抗冲刷能力低而极易产生唧泥现象。铺设基（垫）层后，可减轻以至消除唧泥的产生。但未经处治的砂砾基层，其细料含量和塑性指数不能太高，否则仍会产生唧泥。

（2）防冰冻。在季节性冰冻地区，用对冰冻不敏感的粒状多孔材料来铺筑基（垫）层，可以减少路基的冰冻深度，从而减轻冰冻的危害作用。

（3）防水。在湿软土基上，铺筑开级配粒料基（垫）层，可以排除从路表面渗入面板层下的水分，以及隔断地下水毛细上升。

（4）减小路基顶面的压应力，并缓和路基不均匀变形对面层的影响。

（5）为面层施工提供方便。同时，还能提高路面结构的承载能力，延长路面的使用寿命。

3.排水和路肩

（1）面层—基（垫）层—路肩排水系统。

雨水会对路面结构层产生不利的影响，而积滞在路槽内，加剧了路面的破坏。为了迅速排除渗入路槽内的水分，可以采用开级配粒料作基层（或垫层），汇集通过面层接（裂）缝和外侧边缘渗下的水分，通过空隙和横坡横向排至基层（或垫层）的外侧，并由纵向集水管汇集后横向排出路基。开级配粒料，可以不用结合料处治，而用水泥或沥青结合料处治。

当采用密级配粒料修建不透水基层或垫层时，通过接缝或裂缝下渗的水，会沿面层和不透水基层或垫层的界面流向路肩。为迅速排除这部分下渗水，可在路肩下设置排水层，以排引出路基。水量大时，可增设纵向排水管。采用不透水基层或垫层时的面层—基（垫）层—路肩排水系统的布置方案。

（2）路肩

路肩给路面结构提供侧向支承，供车辆紧急或临时停靠，在车行道进行修补时可作为临时车道使用，因而路肩应具有一定的承受车辆荷载的能力。

混凝土路面板同路肩的交界面处，路表水易渗入，侵蚀板边缘下的基层、垫层和路基，造成板边缘底部的脱空，导致唧泥和断板等损坏发生，可以采用加宽车道宽度（0.7m以上）的措施，以避免车辆沿板边缘行驶，从而减小板边应力。

路肩的层次结构和材料选择，除了考虑承载能力外，还应结合路面排水系统的布置和要求，使渗入路面的水分能由排水通道迅速排离出路面结构，为铺筑出符合质量标准的水泥混凝土路面提供基本保证。

（二）水泥混凝土路面的特点

1.水泥混凝土路面的优点

与其他类型路面相比，混凝土路面具有以下优点：

（1）强度高。混凝土路面具有较高的抗压强度和抗弯拉强度及抗磨耗能力。

（2）稳定性好。混凝土路面的水稳性、热稳性均较好，特别是它的强度能随着时间的延长而逐渐提高，不存在沥青路面的老化现象。

（3）耐久性好。由于混凝土路面的强度和稳定性好，所以它经久耐用，一般能使用

20 ~ 40年，而且它能通行包括履带式车辆等在内的各种运输工具。

（4）养护费用少、经济效益高。与沥青混凝土路面相比，水泥混凝土路面的养护工作量和养护费用均较少。它的建筑投资虽较大，但使用年限长，故所分摊于每年的工程费用较少。因此，从长远角度来看，选用混凝土路面，其经济效益是比较显著的。

（5）有利于夜间行车。混凝土路面色泽鲜明，能见度好，对夜间行车有利。

2.水泥混凝土路面的缺点

混凝土路面存在的缺点，主要有以下四方面：

（1）对水泥和水的需求量大。这对水泥供应不足和缺水地区带来较大困难。

（2）有接缝。一般来说，混凝土路面有许多接缝，这些接缝不但增加施工和养护的复杂性，而且容易引起行车跳动，影响行车的舒适性。接缝是路面的薄弱点，若处理不当，将导致路面板边和板角处破坏。

（3）开放交通较迟。一般来说，混凝土路面完工后，要经过15 ~ 20d的湿润条件养生，才能开放交通，若须提早开放交通，则须采取特殊措施。

（4）修复困难。混凝土路面损坏后，开挖很困难，修补工程量大，费用高，且影响交通。

二、水泥混凝土路面施工

（一）轨道摊铺机铺筑施工

在高等级公路上修建水泥混凝土路面，路面技术标准要求高，工程数量大，要保证施工进度和工程质量，宜采用机械化施工。近年来，随着我国水泥混凝土路面的迅速发展，除了小型混凝土路面施工机具得到逐步配套和完善外，高等级公路主要依靠引进的混凝土摊铺机修建。轨道式摊铺机施工，就是机械化施工中最普通的一种方法。

轨道式摊铺机施工是由支撑在平底型轨道上的摊铺机将混凝土拌和物摊铺在基层上。摊铺机的轨道与模板是连在一起的，安装时同步进行。轨道式摊铺机施工混凝土路面包括施工准备、拌和与运输混凝土、摊铺与振捣、表面整修及养护等工作。它不仅工作可靠，结构简单，操作方便，还具有平整度好、路拱横坡偏差小、熨平板偏差小和厚度标准一致等优点。

1.施工准备

混凝土路面施工前的准备工作包括材料准备及质量检验、混合料配合比检验与调整、基层的检验与整修、施工放样及机械准备等。

根据混凝土路面施工进度计划，施工前应分批备好所需的各种材料，并在使用前进行核对、调整，各种材料应符合规定的质量要求，新出厂的水泥应至少存放一周后方可使用。路面在浇筑前必须对混凝土拌和物的工作性能进行检验并做必要的调整。

混凝土路面施工前，应对混凝土路面板下的基层进行强度、密实度及几何尺寸等方面的质量检验，基层质量检查项目及其标准应符合基层施工规范要求。基层宽度应比混凝土路面板宽30～35cm或与路基同宽。

施工放样是用轨道式摊铺机施工混凝土路面的重要准备工作。首先，根据设计图纸恢复路中心线和混凝土路面边线，在中心线上每隔20m设一中桩，同时布设曲线主点桩及纵坡变坡点、路面板胀缝等施工控制点，并在路边设置相应的边桩，重要的中心桩要进行拴桩。每隔100m左右应设置一临时水准点，以便复核路面标高。由于混凝土路面一旦浇筑成功就很难拆除，因此测量放样必须经常复核，在浇捣过程中也要进行复核，做到勤测、勤核、勤纠偏，确保混凝土路面的平面位置和高程符合设计要求。

2.拌和与运输混凝土

确保混凝土拌和质量的关键是选用质量符合规定的原材料、拌和机技术性能满足要求、拌和时配合比计量准确。采用轨道式摊铺机施工时，拌和设备应附有可自动准确计量的供料系统；无此条件时，可采用集料箱加地磅的方法进行计量。各种组成材料的计量精度应不超过下列范围：水和水泥 ±1%；粗细集料 ±3%；外加剂 ±2%。拌和过程中加入外加剂时，外加剂应单独计量。用国产强制式搅拌机拌和坍落度为1～5cm的混凝土拌和物，最佳拌和时间应控制为：立轴式强制拌和机为90～180s；双卧轴强制式拌和机为60～90s，最短拌和时间不低于低限，最长拌和时间不超过高限的3倍。

通常采用自卸汽车运输混凝土拌和物，拌和物坍落度大于5cm时应采用搅拌车运输。从开始拌和到浇筑的时间应满足下列要求：用自卸汽车运输时，不得超过1h；用搅拌车运输时，不得超过1.5h。若运输时间超过上述时间限制或在夏季浇筑时，拌和过程中应加入适量的缓凝剂。运输时间过长，混凝土拌和物的水分蒸发和离析现象会增加，因此应尽量缩短混凝土拌和物的运输时间，并采取措施防止水分损失和混合料离析。拌和物运到摊铺现场后倾卸于摊铺机的卸料机内。摊铺机卸料机械有侧向和纵向两种。侧向卸料机在路面摊铺范围外操作，自卸汽车不进入路面摊铺范围卸料，没有供卸料机和汽车行驶的通道；纵向卸料机在摊铺范围内操作，自卸汽车后退供料，施工时不能像侧向卸料机那样在基层上预先安设传力杆。

3.摊铺与振捣

（1）轨模安装

轨道式摊铺机的整套机械在轨模上前后移动，并以轨模为基准控制路面的高程。摊铺机的轨道与模板同时进行安装，轨道固定在模板上，然后统一调整定位。形成的轨模既是路面边模又是摊铺机的行走轨道。模板应能承受机组的质量，横向要有足够的刚度，轨模数量应根据施工进度配备并能满足周转要求，连续施工时至少须配备三个全工作量的轨模。

轨模安装时必须精确控制高程，做到轨模平直、接头平顺，否则将影响路面的外观质量和摊铺机的行驶性能。

（2）摊铺

轨道式摊铺机有刮板式、箱式或螺旋式三种类型，摊铺时将卸在基层上或摊铺箱内的混凝土拌和物按摊铺厚度均匀地充满轨模范围内。

刮板式摊铺机本身能在轨道上前后自由移动，刮板旋转时将卸在基层上的混凝土拌和物向任意方向摊铺。这种摊铺机质量轻，容易操作，易于掌握，使用较普遍，但摊铺能力较小。

箱式摊铺机摊铺时，先将混凝土拌和物通过卸料机一次卸在钢制料箱内，摊铺机向前行驶时料箱内的混合料摊铺于基层上，通过料箱横向移动按松铺厚度准确、均匀地刮平拌和物。由于混凝土一次全部放在箱内，所以质量大，但能摊铺均匀而且很准确，其摊铺能力大，故障较少。

螺旋式摊铺机由可以正向和反向旋转的螺旋布料器将拌和物摊平，螺旋布料器的刮板能准确调整高度。螺旋式摊铺机的摊铺质量优于前述两种摊铺机，摊铺能力较大。

摊铺过程中应严格控制混凝土拌和物的松铺厚度，确保混凝土路面的厚度和高程符合设计要求。

（3）振实

摊铺机摊铺时，振捣机跟在摊铺机后对拌和物做进一步的整平和捣实。在振捣梁前方设置一道长度与铺筑宽度相同的复平梁，用于纠正摊铺机初平的缺陷，并使松铺的拌和物在全宽范围内达到正确的高度，复平梁的工作质量对振捣密实度和路面平整度影响很大。复平梁后面是一道弧面振动梁，以表面平板式振动将振动力传到全宽范围内。

轨道摊铺机配备振捣棒组，振捣方式有斜插连续拖行及间歇垂直插入两种。当面板厚度超过150mm、坍落度小于30mm时，必须插入振捣；连续拖行振捣时，宜将作业速度控制在0.5～1.0m/min，并随着坍落度的大小而增减。间歇振捣时，当一处混凝土振捣密实后，将振捣棒组缓慢拔出，再移动到下一处振实。

轨道摊铺机配备振动板或振动梁对混凝土表面进行振捣和修整，振动梁的振捣频率宜控制在50～100Hz，偏心轴转速调节到2500～3500r/min。经振捣棒组振实的混凝土，宜使用振动板振动提浆，并密实饰面，提浆厚度宜控制在（4±1）mm。

4.表面整修

振捣密实的混凝土表面应进行整平、精光及纹理制作等工序的作业，使竣工后的混凝土路面具有良好的路用性能。

（1）表面整平

振捣密实的混凝土表面用能纵向移动或斜向移动的表面整修机整平。纵向表面整修机工作时，整平梁在混凝土表面纵向往返移动，通过机身的移动将混凝土表面整平。对于斜向表面，整修机通过一对与机械行走轴线成10°左右的整平梁做相对运动来完成整平作业，其中一根整平梁为振动梁。机械整平的速度取决于混凝土的易整修性和机械特性。机械行走的轨模顶面应保持平顺，以便整修机械能顺畅通行。整平时应使整平机械前保持高度为10～15cm的拥料，并使拥料向较高的一侧移动，以保证路面板的平整，防止出现麻面及空洞等缺陷。

（2）精光及纹理制作

精光是对混凝土路面进行最后的精平，使混凝土表面更加致密、平整和美观，此工序是提高混凝土路面外观质量的关键工序之一。混凝土路面整修机配置有完善的精光机械，只要在施工过程中加强质量检查和校核，便可保证精光质量。

在混凝土表面制作纹理，是提高路面抗滑性能的有效措施之一。制作纹理时用纹理制作机在路面上拉毛、压槽或刻纹，纹理深度控制在1～2mm范围内，在不影响平整度的前提下提高混凝土路面的构造深度，可提高表面的抗滑性能。纹理应与路面前进方向垂直，相邻板的纹理应相互沟通以利排水。纹理制作从混凝土表面无波纹水迹开始，过早或过晚均会影响纹理质量。

5.养护

混凝土表面整修完毕，应立即进行养护，使混凝土在开放交通时具有规定的强度，尤其在气温较高时，必须保持已浇筑的混凝土表面湿润，以免混凝土表面干裂。

在养护初期，可用活动三角形罩栅遮盖混凝土，以减少水分蒸发，避免阳光照晒，防止风吹、雨淋等。混凝土泌水消失后，在表面均匀喷洒薄膜养护剂。混凝土路面采用喷洒养护剂养护时，喷洒应均匀、成膜厚度应足以形成完全密闭水分的薄膜，喷洒后的表面不得有颜色差异。喷洒时间宜在表面混凝土泌水完毕后进行。喷洒高度宜控制在0.5～1m。使用一级品养护剂时，最小喷洒剂量不得少于0.30kg/m²；合格品的最小喷洒剂量不得少于0.35kg/m²。不得使用易被雨水冲刷掉的和对混凝土强度、表面耐磨性有影响的养护剂。当喷洒一种养护剂达不到90%以上有效保水率要求时，可采用两种养护剂各喷洒一层或喷一层养护剂再加覆盖的方法。

养护时间应根据混凝土弯拉强度增长情况而定，不宜小于设计弯拉强度的80%，应特别注重前7d的保湿（温）养护。一般，养护天数宜为14～21d，高温天不宜少于14d，低温天不宜少于21d。掺粉煤灰的混凝土路面，最短养护时间不宜少于28d，低温天应适当延长。

在养护期间禁止车辆通行以保护混凝土路面。

模板在浇筑混凝土60h以后拆除。但交通车辆不直接在混凝土板上行驶,气温不低于10℃时,可缩短到20h后拆除;当温度低于10℃时,可缩短到36h后拆除。拆模板时不应损坏混凝土板和模板。

6.接缝施工

（1）纵缝施工

当一次铺筑宽度小于路面和路肩总宽度时,应设纵向施工缝,位置应避开轮迹,并重合或靠近车道线,构造可采用平缝加拉杆型。当所摊铺的面板厚度大于等于260mm时,也可采用插拉杆的企口型纵向施工缝。采用滑模施工时,纵向施工缝的拉杆可用摊铺机的侧向拉杆装置插入。采用固定模板施工方式时,应在振实过程中,从侧模预留孔中手工插入拉杆。当一次摊铺宽度大于4.5m时,应采用假缝拉杆型纵缝,即锯切纵向缩缝,纵缝位置应按车道宽度设置,并在摊铺过程中用专用的拉杆插入装置插入拉杆。插入的侧向拉杆应牢固,不得松动、碰撞或拔出。若发现拉杆松脱或漏插,应在横向相邻路面摊铺前,钻孔重新植入。

（2）横向缩缝施工

普通混凝土路面横向缩缝宜等间距布置,不宜采用斜缝。不得不调整板长时,最大板长不宜大于6.0m,最小板长不宜小于板宽。

在中、轻交通的混凝土路面上,横向缩缝可采用不设传力杆假缝型。

在特重和重交通公路、收费广场、邻近胀缝或路面自由端的三条缩缝应采用假缝加传力杆型。缩缝传力杆的施工方法可采用前置钢筋支架法或传力杆插入装置（DBI）法。钢筋支架应具有足够的刚度,传力杆应准确定位,摊铺之前应在基层表面放样,并用钢钎锚固,宜使用手持振捣棒振实传力杆高度以下的混凝土,然后机械摊铺。传力杆无防黏涂层一侧应焊接,有涂料一侧应绑扎。用DBI法置入传力杆时,应在路侧缩缝切割位置做标记,保证切缝位于传力杆中部。

（3）胀缝施工

胀缝应与混凝土路面中心线垂直,缝壁垂直于板面,宽度均匀一致,缝中不得有黏浆或坚硬杂物,相邻板的胀缝应设在同一横断面上。胀缝传力杆的准确定位是胀缝施工成败的关键,传力杆固定端可设在缝的一侧成交错布置。施工过程中固定传力杆位置的支架应准确、可靠地固定在基层上,使固定后的传力杆平行于板面和路中线,误差不大于5mm。铺筑混凝土拌和物时,严禁造成传力杆位移,否则,将导致混凝土路面接缝区的破坏。在传力杆滑动端安装长度为10cm的套筒,套筒内底与传力杆的间隙为1～1.5cm,空隙内用沥青麻絮填塞,滑动端涂饰沥青。

机械化施工混凝土路面时,胀缝可在连续铺筑混凝土拌和物的过程中完成,也可在施工结束时完成。施工时用方木、钢挡板及钢钎固定胀缝板,钢钎间距1m。在摊铺机前方，先在路面胀缝的传力杆范围内铺筑混凝土拌和物，用两个插入式振捣器在胀缝两侧0.5～1.0m的范围内对称均匀地捣实。摊铺机摊铺至胀缝两侧各0.5m范围内时，将振动梁提起，拔去钢钎，拆除方木和挡板。留下的空隙用混凝土拌和物填充并用插入式振捣器捣实，人工进行粗平，并通过摊铺机的振荡修平梁进行最终修平。待接缝板以上的混凝土硬化后用锯缝机按接缝板的位置和宽度锯两条缝，凿除接缝板之上的混凝土和临时插入物，然后用填缝料填满。这种施工方法可确保接缝施工质量，胀缝的外观也较好。

施工完成时安装、固定传力杆和接缝板。先浇筑传力杆以下的混凝土拌和物，用插入式振捣器振捣密实，并注意校正传力杆的位置，然后再摊铺传力杆以上的混凝土拌和物。摊铺机摊铺胀缝另一侧的混凝土时，先拆除端头钢挡板及钢钎，然后按要求铺筑混凝土拌和物。填缝时必须将接缝板以上的临时插入物清除。

胀缝两侧相邻板的高差应符合如下要求：高速公路和一级公路应不大于3mm，其他等级公路不大于5mm。

（4）施工缝设置

施工中断形成的横向施工缝应尽可能设置在胀缝或缩缝处，多车道路面的施工缝应避免设在同一横断面上。施工缝设在缩缝处应增设一半锚固、另一半涂刷沥青的传力杆，传力杆必须垂直于缝壁，平行于板面。

（5）切缝法施工

贫混凝土基层、各种混凝土面层、加铺层、桥面和搭板的纵、横向缩缝均应采用切缝法施工。切缝作业应符合下列规定：

①横向缩缝的切缝方式有全部硬切缝、软硬结合切缝和全部软切缝三种。切缝方式的选用，应由施工期间该地区路面摊铺完毕到切缝时的昼夜温差确定。

对分幅摊铺的路面应在先摊铺的混凝土板横缩缝已断开的部位做标记。在后摊铺的路面上应对齐已断开的横缩缝提前软切缝。有传力杆缩缝的切缝深度应为1/4～1/3板厚，最浅不得小于70mm；无传力杆缩缝的切缝深度应为1/5～1/4板厚，最浅不得小于60mm。

②高速公路和一级公路及路基高度大于等于10m的高边坡、软基及填挖交界路段、桥头搭板，应在上半部涂满沥青，然后硬切缝，并填缝。二级及其以下公路一般路段的纵向施工缝在上半部涂满沥青后，可不切缝。

③对已插入拉杆的纵向假缩缝，切缝深度应为1/4～1/3板厚，最浅切缝深度不应小于70mm，纵、横缩缝宜同时切缝。

④缩缝切缝宽度宜控制在4～6mm，切缝时锯片晃度不应大于2mm。可先用薄锯片锯切到要求深度，再使用6～8mm厚锯片或叠合锯片扩宽填缝槽，填缝槽深度宜为25～30mm，宽度宜为7～10mm。

⑤在变宽度路面上，宜先切缝划分板宽。匝道上的纵缝宜避开轮迹位置，横缝应垂直于每块面板的中心线。变宽度路面缩缝，允许切割成小转角的折线，相邻板的横向缩缝切口必须对齐，允许偏差不得大于5mm。

（6）灌缝

混凝土板养护期满后，应及时灌缝。灌缝要求先采用切缝机清除接缝中夹杂的砂石、凝结的泥浆等，再使用压力大于等于0.5MPa的压力水和压缩空气彻底清除接缝中的尘土及其他污染物，确保缝壁及内部清洁、干燥。缝壁检验以擦不出灰尘为灌缝标准。使用常温聚氨酯和硅树脂等填缝料时，应按规定比例将两组分材料按1h灌缝量混拌均匀后使用。使用加热填缝料时应将填缝料加热至规定温度。加热过程中应将填缝料熔化，搅拌均匀，并保温使用。灌缝的形状系数宜控制在2左右，灌缝深度宜为15 ~ 20mm，最浅不得小于15mm。先挤压嵌入直径9 ~ 12mm多孔泡沫塑料背衬条，再灌缝。热天时，灌缝顶面应与板面齐平；冷天时，应填为凹液面，中心低于板面1 ~ 2mm。填缝必须饱满、均匀、厚度一致并连续贯通，填缝料不得缺失、开裂和渗水。常温施工式填缝料的养护期，低温天宜为24h，高温天宜为12h。加热施工式填缝料的养护期，低温天宜为2h，高温天宜为6h。在灌缝料养护期间应封闭交通。

路面胀缝和桥台隔离缝等应在填缝前凿去接缝板顶部嵌入的木条，涂黏结剂后，嵌入胀缝专用多孔橡胶条或灌进适宜的填缝料。当胀缝的宽度不一致或有啃边、掉角等现象时，必须灌缝。

（二）滑模机械铺筑施工

滑模式摊铺机安装在履带式底盘上，在板边外侧移动，支撑侧边的滑动模壳沿机器长度安装在机器内。机器的方向和水平由固定在路面两侧桩上拉紧的导向钢丝来控制，摊铺厚度通过摊铺机上下移动来调整。滑模式摊铺机施工混凝土路面不需要轨模，不受模板限制，可以实现连续铺筑，一次通过即可完成摊铺、振捣、整平等多道工序，它与沥青混凝土摊铺机的功能调控和操作类似。滑模式摊铺机铺筑混凝土路面具有密实度好（可达96%以上）、铺筑均匀、表面平整度好、摊铺厚度大、路面质量好等优点。但是，由于滑模的移动，混凝土在硬化期间没有侧模的保护，有坍落的危险，且操作技术难度大。

铺筑混凝土时，首先由螺旋式布料器将堆积在基层上的混凝土拌和物横向铺开，用刮平器进行初步刮平，然后用振捣器进行捣实，随后用刮平板进行振捣后的整平，形成密实而平整的表面，再使用搓动式振捣板对拌和物进行振实和整平，最后用光面带进行光面。整面作业与轨道式摊铺机施工基本相同，但滑模摊铺机的整面装置均由电子液压系统控制，精度较高。

滑模式摊铺机比轨道式摊铺机更高度集成化，整机性能好，操纵方便，生产效率高，但对原材料混凝土拌和物的要求更严格，设备费用较高。

1.施工准备

滑模式摊铺机施工水泥混凝土路面的准备工作包括以下内容：

（1）基层质量检查与验收

对基层的检验项目及质量验收标准与轨模式摊铺机施工相同。一般情况下，滑模式摊铺机施工的长度不少于4km，基层应留有供摊铺机施工行走的位置，因此，基层应比混凝土面层宽50～80cm。

（2）测量放样，设置基准线

滑模式摊铺机的摊铺高度和厚度可实现自动控制。滑模摊铺机具备两侧4个水平传感器和一侧2个方向传感器，沿基准线滑行，摊铺出路面所要求的方向、平面、高程、横坡、板厚、弯道等。方向传感器接触方向基准线，方向基准线的位置沿路面的前进方向安装。水平传感器接触水平基准线，水平基准线的空间位置根据路线高程的相对位置来安装。测量时沿线应每200m增设一水准点，并在控制测量精度、平差后使用。摊铺机摊铺的方向和高程准确与否，取决于基准线的准确程度，因此基准线经准确定位后固定在打入基层的钢钎上。

基准线的设置形式按照施工需要可采用单向坡双线式、单向坡单线式和双向坡双线式三种。单向坡双线式基准线的两根基准线间的横坡应与路面一致。单向坡单线式基准线必须在另一侧具备适宜的基准，路面横向连接摊铺，其横坡应与已铺路面一致。双向坡双线式的两根基准线直线段应平行，且间距相等，并对应路面高程，路拱靠滑模摊铺机调整自动铺成。

（3）确定混凝土配合比与外加剂

滑模式摊铺机对混凝土拌和物的品质要求十分严格，集料最大粒径应为30～40mm，拌和物摊铺时的坍落度应控制在4～6cm。为了增加混凝土拌和物的施工和易性，以达到所需要的坍落度，常需要使用外加剂，所掺外加剂品种、数量应先通过试验确定。

（4）根据路面设计宽度，调整滑动模板摊铺宽度，放置纵缝拉杆。

2.施工工艺

（1）混凝土搅拌

滑模式摊铺机施工水泥混凝土路面所使用的混凝土必须通过专门的搅拌站或搅拌楼拌和。混凝土拌和计量应准确，偏差应符合规范要求。

施工开始及搅拌过程中，应按规范规定检验项目和频率检验坍落度、坍落度损失、含水量、泌水率、混凝土凝结时间、砂石料含水量及混凝土重度等。按标准方法预留规定数量的弯拉强度试件。

（2）混凝土运输

运送混凝土的车辆，在装料时，应防止混凝土离析，每装一盘应挪动一下车位，卸料落差高度不得大于2m。驾驶员必须了解拌和物的运输、摊铺完毕的允许最长时间，超过摊铺允许最长时间的混凝土不得用于路面摊铺。混凝土一旦在车内停留时间超过初凝时间，应采取紧急措施处置，防止混凝土硬化在车厢内或车罐内。混凝土运输过程中要防止漏浆、漏料和污染路面。烈日、大风、雨天和冬季施工，应遮盖自卸车上的混凝土。运输车辆在每次装混凝土前，均应将车厢清洗干净并洒水润湿。

（3）布料

滑模摊铺机前的正常料位高度应在螺旋布料器叶片最高点以下，亦不得缺料。卸料、布料应与摊铺速度相协调。当坍落度为10～50mm时，布料松铺系数宜控制在1.08～1.15。布料机与滑模摊铺机之间的施工距离宜控制在5～10m。摊铺钢筋混凝土路面、桥面或搭板时，严禁任何机械开上钢筋网。

（4）滑模摊铺机的施工参数设定及校准

对滑模摊铺机所有机构工作部件应进行正确施工位置的初步设定，并将这些正确的施工参数通过试铺调整固定下来，正式摊铺时根据情况变化进行微调。

①振捣棒下缘位置应在挤压板最低点以上，振捣棒的横向间距不宜大于450mm，均匀排列；两侧最边缘振捣棒与摊铺边缘距离不宜大于250mm。

②挤压底板前倾角宜设置为3°左右。提浆夯板位置宜在挤压底板前缘以下5～10mm。

③两边缘超铺高程根据拌和物稠度宜在3～8mm间调整。搓平梁前缘宜调整到与挤压板后缘高程相同，搓平梁的后缘比挤压底板后缘低1～2mm，并与路面高程相同。

④滑模摊铺机首次摊铺路面，应挂线对其铺筑位置、几何参数和机架水平度进行调整和校准，正确无误后，方可开始摊铺。

⑤在开始摊铺的5m内，应在铺筑行进中对摊铺出的路面标高、边缘厚度、中线、横坡度等参数进行复核测量。

（5）铺筑作业技术要领

①滑模摊铺机应缓慢、匀速、连续不间断地作业。严禁料多追赶，然后随意停机等待，间歇摊铺。摊铺速度应根据拌和物稠度、供料多少和设备性能控制在0.5～3.0m/min，一般宜控制在1m/min左右。拌和物稠度发生变化时，应先调振捣频率，然后改变摊铺速度。

②应随时调整松方高度板控制进料位置，开始时宜略设高些，以保证进料。正常摊铺时应保持振捣仓内料位高于振捣棒100mm左右，料位高低上下波动宜控制在±30mm之内。

③正常摊铺时，振捣频率可在6000～11 000r/min之间调整，宜控制在9000r/min左右。应防止混凝土过振、欠振或漏振。应根据混凝土的稠度大小，随时调整摊铺的振捣频率或速度。摊铺机起步时，应先开启振捣棒振捣2～3min，再缓慢平稳推进。摊铺机脱离混凝土后，应立即关闭振捣棒组。

④滑模摊铺机满负荷时可铺筑的路面最大纵坡为：上坡5%，下坡6%。上坡时，挤压底板前仰角宜适当调小，并适当调小抹平板压力；下坡时，前仰角宜适当调大，并适当调大抹平板压力。当板底不小于3/4长度接触路表面时，抹平板压力适宜。

⑤滑模摊铺机施工的最小弯道半径应不小于50m，最大超高横坡宜不大于7%。

⑥单车道摊铺时，应视路面设计要求配置一侧或双侧打纵缝拉杆的机械装置。两个以上车道摊铺时，除侧向打拉杆的装置外，还应在假纵缝位置配置拉杆自动插入装置。

⑦软拉抗滑构造时表面砂浆层厚度宜控制在4mm左右，硬刻槽路面的砂浆表层厚度宜控制在2～3mm。

⑧养护5～7d后，方允许摊铺相邻车道。

（6）问题处置

①摊铺中应经常检查振捣棒的工作情况和位置。路面出现麻面或拉裂现象时，必须停机检查或更换振捣棒。摊铺后，路面上出现发亮的砂浆条带时，必须调高振捣棒位置，使其底缘在挤压底板的后缘高度以上。

②摊铺宽度大于7.5m时，若左右两侧拌和物稠度不一致，摊铺速度应按偏干一侧设置，并应将偏稀一侧的振捣棒频率迅速调小。

③应通过调整拌和物稠度、停机待料时间、挤压底板前仰角、起步及摊铺速度等措施控制和消除横向拉裂现象。

④摊铺中的滑模摊铺机停机等料最长时间超过当时气温下混凝土初凝时间的4/5时，应将滑模摊铺机迅速开出摊铺工作面，并做施工缝。

（7）滑模摊铺机路面修整

滑模摊铺过程中应采用自动抹平板装置进行抹面。对少量局部麻面和明显缺料部位，应在挤压板后或搓平梁前补充适量拌和物，由搓平梁或抹平板机械修整。滑模摊铺的混凝土面板在下列情况下，可用人工进行局部修整：

①用人工操作抹面抄平器，精整摊铺后表面的小缺陷，但不得在整个表面加薄层修补路面标高。

②对纵缝边缘出现的倒边、塌边、漏肩现象，应顶侧模或在上部支方铝管进行边缘补料修整。

③对起步和纵向施工接头处，应采用水准仪抄平并采用大于3m的靠尺边测边修整。

滑模摊铺结束后，必须及时清洗滑模摊铺机，进行当日保养等，并宜在第二天硬切横向施工缝，也可当天软作施工横缝。应丢弃端部的混凝土和摊铺机振动仓内遗留下的纯砂浆，两侧模板应向内收进20～40mm，收口长度宜比滑模摊铺机侧模板略长。施工缝部位应设置传力杆，并应满足路面平整度、高程、横坡和板长要求。

第四章　桥梁基础施工技术

第一节　明挖扩大基础施工技术

明挖扩大基础施工的内容包括：基础的定位放样、基坑开挖、基坑排水、基底处理及砌筑（浇筑）基础结构物等。

一、基础定位放样

在基坑开挖前，先进行基础的定位放样工作，以便将设计图上的基础位置准确地设置到桥址上。放样工作系根据桥梁中心线与墩台的纵横轴线，推出基础边线的定位点，再放线画出基坑的开挖范围。基坑各定位点的高程及开挖过程中高程检查，一般用水准测量的方法进行。

二、基坑开挖

基坑开挖的主要工作有：挖掘、出土、支护、排水、防水、清底及回填等。施工时，应根据地质条件、水文条件、基坑开挖深度、开挖所采用的方法和机具等，采用不同的开挖工艺。

基坑在开挖前通常须完成下列准备工作：施工场地的清理，地面水的排除，临时道路的修筑，供电与供水管线的敷设，临时设施的搭建，基坑的放线等。

场地清理包括拆除房屋、古墓，拆迁或改建通信设备、电力设备、上下水道，以及其他建筑物、迁移树木等工作。

场地内低洼地区的积水必须排除，同时应注意雨水的排除，使场地保持干燥，以便基坑开挖。

地面水的排除一般采用排水沟、截水沟、挡水土坝等措施。应尽量利用自然地形来设置排水沟，使水直接排至基坑外，或流向低洼处，再用水泵抽走。主排水沟最好设置在施工区域的边缘或道路的两旁，其横断面和纵向坡度应根据最大流量确定。一般排水沟的横断面不小于 $0.5m \times 0.5m$，纵向坡度一般不小于3‰。平坦地区，如出水困难，其纵向坡度不应小于2‰，沼泽地区可降至1‰。在基坑开挖过程中，要注意排水沟保持畅通，必要时应设置涵洞。

（一）土方边坡及其稳定

1.土方边坡

为了防止塌方，保证施工安全，在开挖深度超过一定限度时，均应在其边沿做成一定坡度的边坡。

根据各层土质以及土体所受的压力，土方边坡可做成直线形、折线形和台阶形。合理地选择基坑边坡是减少土方量的有效措施。

2.边坡的稳定

基坑边坡的稳定，主要是由于土体内土颗粒之间存在摩擦阻力和内聚力，使土体具有一定的抗滑力来保持稳定。当土体的下滑力大于抗滑力，边坡就会失去稳定而发生滑动，这种滑动一般是在一定范围内整体沿某一滑动面向下和向外移动。一旦土体失去平衡，土体就会塌方，不仅会造成人身安全事故，影响工期，有时还会危及邻近建筑物的安全。

基坑边坡的失稳往往是在外界不利因素影响下触发和加剧的。这些外界不利因素往往会导致土体剪应力的增加或抗剪强度的降低。

引起土体剪应力增加的因素主要有：

坡顶上堆积物、行车等荷载；雨水或地面水渗入土中使土中的含水量增加而造成土的自重增加；地下水的渗流产生一定的动水压力；土体的竖向裂缝中的积水产生侧向静水压力；边坡过陡，土体本身稳定性不够。

引起土体抗剪强度降低的因素主要有：

土质本身较差或因气候影响使土质松软；含水量增加使土体内聚力降低、产生润滑作用；饱和的细砂、粉砂因受振动而液化等。

（二）基坑开挖的方式

基坑开挖的方式与基础的埋置深度、地质土的性质、施工周期的长短有关。可分为直立壁开挖、放坡开挖、支护开挖。按其基坑所处的环境可分为陆地基坑开挖和水中基础的基坑开挖两种。

1.陆地基坑开挖

基坑大小应满足基础施工要求，对有渗水土质明基坑坑底开挖尺寸，须按基坑排水设计（包括排水沟、集水井、排水管网等）和基础模板设计而定，一般基底尺寸应比设计平面尺寸各边增宽0.5 ~ 1.0m。基坑可采用垂直开挖、放坡开挖、支撑加固或其他加固的开挖方法，具体应根据地质条件、基坑深度、施工期限与经验，以及有无地表水或地下水等现场因素来确定。

（1）坑壁不加支撑的基坑

对于在干涸无水河滩、河沟中，或有水经改河或筑堤能排除地表水的河沟中；在地下水位低于基底，或渗透量少，不影响坑壁稳定；以及基础埋至不深（一般在5m以内），施工期较短，挖基坑时不影响临近建筑安全的施工场所，可考虑选用坑壁不加支撑的基坑。

不加支护的基坑开挖时，坑壁依靠土体本身的抗剪强度，或采取适量放坡的方式来解决边坡的稳定问题。

基坑开挖时，坑壁的形式有直坡式、斜坡式和踏步式等。

直坡坑壁基坑：当基础土质均匀，地下水位低于基坑，基坑顶边缘无荷载，土体处于半干硬或硬塑状态时，可采用坑壁不加支护而垂直开挖的方法。如果坑壁垂直开挖超过挖深限值时，可采取踏步式坑壁开挖法或考虑放坡开挖，以及做成直立壁加支撑。

斜坡坑壁基坑：在天然土层上挖基坑，若深度在5m以内，施工期较短，基底处于地下水位以下，且土的湿度正常，构造均匀时，可采用放坡开挖。如果基坑开挖通过不同的土层时，可按土层分层选定边坡坡度，并留出至少0.5m宽的台阶。若土的湿度过大，可能引起坑壁坍塌时，坑壁坡度应采用该湿度下土的天然坡度。

（2）坑壁有支撑的基坑

当基坑壁坡不易稳定并有地下水渗入，或放坡开挖场地受到限制，或基坑较深、放坡开挖工程数量较大，不符合技术经济要求时，可视具体情况，采用以下的加固坑壁措施，如挡板支撑、钢木结合支撑、混凝土护壁及锚杆支护等。常用的坑壁支撑形式有：直衬板式坑壁支撑、横衬板式坑壁支撑、框架式支撑及其他形式的支撑（如锚桩式、锚杆式、锚锭板式、斜撑式等）。

常用的支撑方法有：

①横撑式支撑。

横撑式支撑分为水平式支撑和垂直式支撑。

水平式支撑，断续或连续的挡土板水平放置。断续式水平挡土板支撑，适于能保持直立壁的干土或天然湿度的黏土，深度在3m以内的基坑。连续式水平挡土板支撑，适于较潮湿的或散粒的土，深度在5m以内的基坑。

垂直式支撑，断续或连续的挡土板垂直放置。适于土质较松散或土的湿度很高、地下水较少、深度不限的基坑。

②锚拉支撑。

水平挡土板支在柱桩的内侧，柱桩一端打入土中，另一端用拉杆与锚桩拉紧，锚桩必须设在土的破坏范围以外，在挡土板内侧回填土。适用于开挖面积较大、深度不大的基坑或使用机械挖土的基坑。

③短柱横隔支撑。

打入短木桩，部分打入土中，部分露出地面，钉上水平挡土板，在背面填土。适于开挖宽度大的基坑，当部分地段下部放坡不够时使用。

④钢板桩支撑。

挖土之前在基坑的周围打入钢板桩或钢筋混凝土板桩，板桩入土深度及悬臂长度应经计算确定，如基坑深度较大，可加水平支撑。它适于在一般地下水位较高的黏性或砂土层中应用。

⑤大型钢构架横撑。

在开挖的基坑周围打钢板桩或钢筋混凝土桩，在柱位置上打入暂设的钢柱，在基坑中挖土，每下挖3～4m，装上一层钢构架支撑体系，挖土在钢构架网格中进行，亦可不预先打下钢柱，随挖随接长支柱，适于在饱和软弱土层中开挖较大、较深基坑，钢板桩刚度不够时采用。

⑥钢筋混凝土灌注桩支撑。

在开挖的基坑周围，现场灌注钢筋混凝土桩，达到强度后，在基坑中间用机械或人工挖土，下挖1m左右装上横撑，在桩背面装上拉杆与已设锚桩拉紧，然后继续挖土至要求深度。桩间土方挖成外拱形，使之起土拱作用。如基坑深度小于6m，或邻近有建筑物，亦可不设锚拉杆，采取加密桩距或加大桩径处理，适于开挖较大、较深（＞6m）基坑，临近有建筑物，不允许支护，背面地基有下沉、位移时采用。

⑦土层锚杆支护。

沿开挖基坑边坡每2～4m设置一层水平土层锚杆，直到挖土至要求深度。适于在较硬土层中或破碎岩石中开挖较大、较深基坑，如邻近有建筑物，必须保证边坡稳定时才可采用。

⑧地连墙加锚杆支护。

在基坑周围现浇地下连接墙，开挖土方至锚杆部位，用锚杆钻机在要求位置钻孔，放入锚杆，进行灌浆，待达到强度，装上锚杆横梁，或锚头垫座，然后继续下挖至要求深度。根据需要，锚杆可设2～3层，每挖一层装一层，采用快凝砂浆灌浆。适于开挖较大、较深（＞10m）、不允许内部设支撑、有地下水的大型基坑。

2.水中基础的基坑开挖

桥梁墩台基础大多位于地表水位以下，有时水流还比较大，施工时都希望在无水或静止水条件下进行。桥梁水中基础最常用的施工方法是围堰法。围堰的作用主要是防水和围水，有时还起着支撑施工平台和基坑坑壁的作用。公路桥梁常用的围堰的类型有：土石围堰、木笼围堰或竹笼围堰、钢板桩围堰、套箱围堰。

围堰必须满足以下要求：

（1）围堰顶高宜高出施工期间最高水位700mm，最低不应小于500mm，用于防御地下水的围堰宜高出水位或地面200～400mm。

（2）围堰的外形应适应水流排泄，大小不应压缩流水断面过多，以免壅水过高危害围堰安全，以及影响通航、导流等。围堰内形应适应基础施工的要求，并留有适当的工作面积。堰身断面尺寸应保证有足够的强度和稳定性，使基坑开挖后，围堰不致发生破裂、滑动或倾覆。

（3）围堰要求防水严密，应尽量采取措施防止或减少渗漏，以减轻排水工作。对围堰外围边坡的冲刷和筑围堰后引起的河床的冲刷均应有防护措施。

（4）围堰施工一般应安排在枯水期间进行。

三、基坑排水

桥梁基础施工中常用的基坑排水方法如下：

（一）集水坑排水法

除严重流沙外，一般情况下均可采用。基坑坑底一般多位于地下水位以下，而地下水会经常渗进坑内，因此必须设法将坑内的水排除，以便于施工。集水坑（沟）的大小，主要根据渗水量的大小而定，排水沟底宽不小于0.3m，纵坡为1%～5%。如排水时间较长或土质较差时，沟壁可用木板或荆篱支撑。

（二）其他排水法

对于土质渗透较大、挖掘较深的基坑可采用板桩法或沉井法。此外，视现场条件、工程特点及工期等因素，还可采用帷幕法，即将基坑周围土用硅化法、水泥灌浆法、沥青灌浆法及冻结法等处理成封闭的不透水的帷幕。这种方法除自然冻结法外，其余均因设备多、费用大，在桥涵基础施工时较少采用。

四、基底处理

（一）基底检验

基坑已挖至基底设计高程，或已按设计要求加固、处理完毕后，须经过基底检验，方可进行基础结构施工。

基坑施工是否符合设计要求，在基础浇筑前应按规定进行检验。其目的在于：确定地基的容许承载力的大小、基坑位置与高程是否与设计文件相符，以确保基础的强度和稳定性，不致发生滑移等病害。基底检验的主要内容包括：检查基底平面位置、尺寸大小，基底高程；检查基底土质均匀性，地基稳定性及承载力等；检查基底处理和排水情况；检查施工日志及有关试验资料等。

为使基底检验及时，以免因等候检验、基底暴露时间过久而风化变质，施工负责人应提前通知检验人员，安排检验。

1.检验内容

（1）检查基坑的平面位置、坑底尺寸、高程是否符合设计要求，偏差是否在现行有关规定允许范围以内。

（2）检验基坑底面土质及其均匀性、稳定性，坑壁坡面是否平顺稳定，有无排水措施，容许承载力能否满足设计要求。

（3）检查基坑和地基加固、处理过程中的有关施工记录和试验等资料。

（4）检查基底地基经加固、处理后的效果是否达到设计要求。

2.检验方法

（1）小桥和涵洞基底的地基检验

一般经过直观或触探器确定土质与设计要求符合时，即可签认进行浇砌基础。

经过直观或触探对土质有疑问时，应取土样做土的物理力学性能试验，如颗粒分析、天然密度、天然含水量、天然孔隙比、液限、塑限、密度、可塑性、压缩性和抗剪强度等，以鉴定土的容许承载力，或钻探 $2 \sim 4m$，检查下卧层土质。

特殊设计的小桥涵洞对地基沉降有严格要求，当属于下列不良土质情况时，宜进行载荷试验：

风化颇重的岩层；松散砂类土的相对密实度 $D_t \leqslant 0.33$；黏质土的天然孔隙比超过下列限度时：黏质土砂 $(SC)e_0 > 0.7$，低液限黏土 $(CL)e_0 > 1$，高液限黏土（CL）$(CL)e_0 > 1.1$；含有大量有机物的吹填土或砂土、黏土；含有大块杂质（尤其是多量碎砖瓦等）的填筑土。对经过加固处理的地基，应根据不同加固方法的质量要求采用相应的检验方法，包括量测加固范围、桩位偏差和桩体垂直度偏差；用环刀法取样或灌砂法测定压实度或干密度；用静力触探或动力触探检验加固处理后的效果。

（2）大、中桥和填土在12m以上涵洞基底的地基检验

一般由检验人员用直观、触探、挖试坑或钻探（钻探至少4m）试验等方法确定土质容许承载力，确认符合设计要求后，即可进行基础施工。

在地质特别复杂，或在设计文件中有特殊要求必须做载荷试验时，才做载荷试验。必要时还应做土工试验，与载荷试验核对。

在特殊地基上已经加固处理又经触探、密实度检验后，尚有疑问时，则应再做载荷试验。确认符合设计要求后，才能进行基础垿工的施工。

（3）检验注意事项

地基经检验后，需要做大的加固处理时，应由施工单位邀请建设单位及设计单位共同研究确定。加固处理完毕，应再经检验合格后，方可进行基础施工。

桥涵地基检验，除了进行平面尺寸和地基变形观测外，检验方法主要有静力触探、动力触探、标准贯入试验，土压力、孔隙水压力及土位移测试，载荷试验、旁（横）压试验，排水固结法加固的地基有时还须做十字板剪切试验。无论何种测试方法都有一定的局限性，故宜采用多种方法进行综合评价。现场测试要辅以取样，做室内土工试验，如加固设计已规定有检验项目和检验方法的，按设计规定办理。

为了有较好的可比性，加固前后两次的测试项目应力求对应，甚至最好由同一组织用同一仪器按同一标准进行。

检验后按规定格式填写地基检验表，由参加检验人员会签，作为竣工验收的原始资料。

（二）基底处理

天然地基上的基础是直接靠基底土壤来承担荷载的，故基底土壤状态的好坏，对基础及墩台、上部结构的影响极大，不能仅检查土壤名称与容许承载力大小，还应为土壤更有效地承担荷载创造条件，即要进行基底处理工作。

1.未风化岩石基底

对未风化岩层开挖至岩层面后，应清除岩面松碎石块，凿出新鲜岩面，并用水冲洗干净，岩面不得存有淤泥、苔藓等表面附着物。岩面倾斜时，应将岩面基本凿平或凿成台阶。对基坑内岩面有部分破碎带时，应会同设计人员研究处理，采用混凝土封填或设混凝土拱等方法进行处理，以满足承载力的要求。

2.风化岩层基底

岩石的风化程度对其承载力影响很大。在开挖至风化岩层时，应会同设计人员认真观察其风化程度，检查基底是否符合设计承载力要求。按设计要求适当凿去风化表层，或清理到新鲜岩面，将基坑填满封闭，防止岩层继续风化。

3.碎石或砂类土层

将基底修理平整并夯实，砌筑基础混凝土时，应先铺一层20mm厚水泥砂浆。

4.黏土基底

基坑开挖时，留200～300mm深度不挖，以防止地面、地下水渗流至基面，浸泡基面，降低强度。砌筑前，再用铁锹加以铲平。如基底原状土含水量较大或在施工中浸水泡软，可在基坑中夯入100mm以上厚度的碎石，但碎石顶面不得高于设计高程。当基底土质不均，部分软土层厚度不大时，可挖除后换填砂土，并分层夯实。

5.湿陷性黄土

湿陷性黄土地基开挖时，必须保持基坑不受水浸泡，并尽量避免在雨期施工，否则应有专门的防洪排降水设施，并应按设计要求采用重锤夯实、换填或挤密桩法进行加固。

6.软土层

软土地基应按设计要求进行加固，可采用换土、砂井、砂桩或其他软土地基处理方法。在软土地基上修建桥梁时，应按设计预留沉降量。采用砂井加固的软土地基，按设计要求采取预压。桥涵主体必须分期均匀施工。在砌筑墩台、填土和架梁工程中，随时观测软土地基的沉降量，用以控制施工进度，使软土地基缓慢平均受载，防止发生剧烈变化或不均匀下沉。

7.泉眼

对于泉眼，应用堵塞或导流的方法处理。泉眼水流较小时，可用木塞、速凝水泥砂浆、带螺帽钢管等堵塞泉眼。堵眼有困难时，采用竹管、塑料管或钢管引流，待基础圬工灌注完后，向管内压浆将其封闭，也可在基底以下设置暗沟或盲沟，将水引至基础施工以外的汇水井中抽排，施工完后用水泥砂浆封闭。

8.溶洞地基处理

在地基下出现溶洞时，应会同设计部门研究处理，一般采取以下加固措施进行处理：

（1）首先用勘测方法探明溶洞的形态、深度和范围，以便采取相应的处理方法。

（2）当溶洞埋深较浅时，可用高压射水清除溶洞中的淤泥，灌注混凝土进行填充；当溶洞较深且狭窄、洞内土壤不易清除时，可在洞内打入混凝土桩。

（3）当洞处在基础底面，溶洞窄且深时，可用钢筋混凝土板盖在溶洞上面，跨越溶洞。

（4）当埋藏较深，溶洞内有部分软黏土时，可用钻机钻孔，从孔中灌入砂石混合料，并压灌水泥砂浆封闭。

五、基础浇筑

基础施工分为无水浇筑、排水浇筑和水下浇筑三种情况。

排水浇筑施工的要点是：确保在无水状态下砌筑圬工；禁止带水作业及用混凝土将水赶出模板外灌注方法；基础边缘部分应严密隔水；水下部分圬工必须待水泥砂浆或混凝土终凝后才允许浸水。

水下浇筑混凝土只有在排水困难时采用。基础圬工的水下灌注分为水下封底和水下直接灌筑基础两种。前者封底后仍要排水再砌筑基础，封底只是起封闭渗水的作用，其混凝土只作为地基而不作为基础本身，适用于板桩围堰开挖的基坑。浇筑基础时，应做好与台身、墩身的接缝联结，一般要求是：

1.混凝土基础与混凝土墩台身的接缝，周边应预埋直径不小于16mm的钢筋或其他铁件，埋入与露出的长度不应小于钢筋直径的20倍。

2.混凝土或浆砌片石墩台身的接缝，应预埋片石，片石厚度不应小于150mm，片石的强度要求不低于基础或墩台身混凝土或砌体的强度。

第二节 钻孔灌注桩基础施工技术

一、场地准备

钻孔前要进行准备工作，其内容包括：

1.场地为旱地时，应除杂物，换除软土，整平夯实。

2.场地为陡坡时，可用枕木、型钢等搭设工作平台。

3.场地为浅水时，宜采用筑岛施工，筑岛面积应根据钻孔方法、设备大小等要求确定。

4.场地为深水或淤泥较厚时，可搭设工作平台，平台必须牢固稳定，能承受工作时所有静、动荷载，并考虑施工机械能安全进出。

二、设备准备

根据地质资料，确定科学合理的钻孔方法和钻孔设备，架设好电力线路，配备适合的变压器。若用柴油机提供动力，则应购置与设备动力相匹配的柴油机和充足的燃油。混凝土拌和机、电焊机、钢筋切割机，以及水泥、砂石材料均要在钻孔开始前准备妥当。

三、埋设护筒

可以采用钢护筒，也可以采用现场预制的钢筋混凝土护筒，在放样好的桩位处，开挖一个圆形基坑将护筒埋入。护筒应坚实、不漏水，护筒内径应比桩径大20～30cm。采用反循环钻时应使护筒顶高程高出地下水位2.0m；采用正循环钻时应高出地下水位1.0～1.5m；处于旱地时，护筒在满足上述条件的基础上还应高出地面0.3m。

四、泥浆制备

钻孔泥浆由水、黏土（膨润土）和添加剂组成。具有浮悬钻渣、冷却钻头、润滑钻具、增大静水压力，并有在孔壁形成泥膜、隔断孔内外渗流、防止坍孔的作用。调制的钻孔泥浆及经过循环净化的泥浆，应根据钻孔方法和地层情况采用不同的性能指标。泥浆稠度应视地层变化或操作要求灵活掌握。泥浆太稀，排渣能力小，护壁效果差；泥浆太稠，会削弱钻头冲击功能，降低钻进速度。

通常采用塑性指数大于25、粒径小于0.002mm、颗粒含量大于50%的黏土，通过泥浆搅拌机或人工调和，储存在泥浆池内，再用泥浆泵输入钻孔内。泥浆泵应有足够的流量，以免影响钻进速度。大直径深孔采用正循环旋转法施工时，泥浆泵应经过流量和泵压计算来选择。对孔深百米以内的钻孔，一般可采用不小于2MPa的泵压。

五、施工方法

（一）基础施工

钻孔就位前，应对钻孔的各项准备工作进行检查，包括场地与钻机坐落处的平整和加固，主要机具的检查与安装。必须及时填写施工记录表，交接班时应交代钻进情况及下一班应注意事项。钻机底座和顶端要平稳，在钻进和运行中不应产生位移和沉陷。回转钻机顶部的起吊滑轮缘、转盘中心和桩位中心三者应在同一铅垂线上，偏差不超过2cm。钻孔作业应分班连续进行，经常对钻孔泥浆性能指标进行检验，不符合要求时要及时改正。

1.冲击法

用冲击钻机或卷扬机带动冲锥，借助锥头自重下落产生的冲击力，反复冲击破碎土石或把土石挤入孔壁中，用泥浆浮起钻渣，或用抽渣筒或空气吸泥机排出而形成钻孔。

2.冲抓法

用冲抓锥靠自重产生冲击力，切入土层或破碎土层，叶瓣抓土、弃土以形成钻孔。

3.旋转法

用钻机通过钻杆带动锥或钻头旋转切削土，用泥浆浮起并排出钻渣形成钻孔。

以上每种方法因动力与设备功能的不同而分为多种。

一般采用螺旋钻头或冲击锥等成孔，或用旋转机具辅以高压水冲成孔。根据井孔中土（钻渣）的取出方法不同，常用的方法是：螺旋钻孔、正循环回转钻孔、反循环回转钻孔、潜水钻机钻孔、冲抓钻孔、冲击钻孔、旋挖钻机钻孔。

正循环回转钻孔：系利用钻具旋转切削土体钻进，泥浆泵将泥浆压进泥浆龙头，通过钻杆中心从钻头喷入钻孔内，泥浆挟带钻渣沿钻孔上升，从护筒顶部排浆孔排出至沉淀池，钻渣在此沉淀而泥浆流入泥浆池循环使用。其特点是钻进与排渣同时连续进行，在适用的土层中钻进速度较快，但须设置泥浆槽、沉淀池等，施工占地较多，且机具设备较复杂。

反循环回转钻孔：与正循环法不同的是泥浆输入钻孔内，然后从钻头的钻杆下口吸进，通过钻杆中心排出至沉淀池内。其钻进与排渣效率较高，但接长钻杆时装卸麻烦，钻渣容易堵塞管路。另外，因泥浆是从上向下流动，孔壁坍塌的可能性较正循环法的大，为此须用较高质量的泥浆。

旋挖钻机钻孔：旋挖钻机是一种高度集成的桩基施工机械，采用一体化设计、履带式360°回转底盘及桅杆式钻杆，一般为全液压系统。旋挖钻机采用筒式钻斗，钻机就位后，调整钻杆垂直度，注入调制好的泥浆，然后进行钻孔。当钻头下降到预定深度后，旋转钻斗并施加压力，将土挤入钻斗内，仪表自动显示筒满时，钻斗底部关闭，提升钻斗将土卸于堆放地点。钻进施工过程中应保证泥浆面始终不得低于护筒底部，保证孔壁稳定性。通过钻斗的旋转、削土、提升、卸土和泥浆撑护孔壁，反复循环直至成孔。

旋挖钻机特殊的桶型钻头直接取土出渣，无须接长钻杆，钻孔时孔口注浆以保持孔内泥浆高度即可，因而能大大缩短成孔时间，提高施工效率。由于带有自动垂直度控制和自动回位控制，成孔垂直度和孔位等能得到保证。桶钻取土上提过程中对孔壁扰动较小，桶钻周边设有溢浆孔，溢出泥浆可起到护壁作用。

旋挖钻机一般适用黏土、粉土、砂土、淤泥质土、人工回填土及含有部分卵石、碎石的地层。对于具有大扭矩动力头和自动内锁式伸缩钻杆的钻机，可适用微风化岩层的钻孔施工。

（二）孔径检查与清孔

钻孔的直径、深度和孔形直接关系到成桩质量，是钻孔桩成败的关键。为此，除了钻孔过程中严谨操作、密切观测监督外，在钻孔达到设计要求深度后，应采用适当器具对孔深、孔径、孔形等认真检查，符合设计要求后，填写终孔检查表。

清孔的方法有抽浆法、换浆法、掏渣法、喷射清孔法以及用砂浆置换钻渣清孔法等，应根据设计要求、钻孔方法、机具设备和土质条件决定。其中抽浆法清孔较为彻底，适用于各种钻孔方法的灌注桩。对孔壁易坍塌的钻孔，清孔时操作要细心，防止坍孔。

清孔的质量要求：对摩擦桩，孔底沉淀土的厚度，中、小桥不得大于（0.4 ~ 0.6）d（d为桩的直径），大桥按设计文件规定。清孔后的泥浆性能指标，含砂率为4% ~ 8%，相对密度为1.10 ~ 1.25，黏度为18 ~ 20s。对支承桩（柱桩、嵌岩桩），宜用抽浆法清孔，并宜清理至吸泥管出清水为止。灌注混凝土前，孔底沉淀土厚度不得大于50mm。若孔壁易坍塌，必须在泥浆中灌注混凝土时，建议采用砂浆置换钻渣清孔法，清孔后的泥浆含砂率不大于4%。其他泥浆性能指标同摩擦桩要求。对于沉淀土厚度的测量，用冲击、冲抓锤时，沉淀土厚度从锥头或抓锥底部所到达的孔底平面算起。沉淀土厚度测量方法可在清孔后用取样盒（开口铁盒）吊到孔底，待到灌注混凝土前取出，直接测量沉淀在盒内的沉渣厚度。

（三）钢筋笼制作与吊装

钢筋笼的制作应符合设计和规范要求，长桩骨架宜分段制作，分段长度应根据吊装条件确定；后场制作时应在固定胎架上进行，以保证钢筋笼的顺直；注意在钢筋笼外侧设置控制保护层厚度的垫块；钢筋笼起吊入孔一般用吊机，无吊机时，可采用钻机钻架、灌注塔架。

（四）灌注混凝土

1.灌注普通混凝土

在土中形成一定直径的井孔，达到设计标高后，将钢筋骨架（笼）吊入井孔中，灌注混凝土形成桩基础。每根灌注桩应留取混凝土抗压强度试件不少于两组。同时应以钻取芯样法或超声波法、机械阻抗法、水电效应法等无破损检测法对桩的匀质性进行检测。检测应符合下列规定：其一，宜对各墩台有代表性的桩用无破损法进行检测，重要工程或重要部位的桩宜逐根检测；其二，对质量有怀疑的桩及因灌注故障处理过的桩，均应进行重点检测。

2.灌注水下混凝土

灌注水下混凝土时配备的搅拌机等设备，应能满足桩孔在规定时间内灌注完毕。灌注时间不得长于首批混凝土初凝时间。若估计灌注时间长于首批混凝土初凝时间，则应掺入缓凝剂。

水下混凝土一般用钢导管灌注，导管内径为200 ~ 350mm，视桩径大小而定。导管使用前应进行水密承压和接头抗拉试验，严禁用压气试压。

混凝土拌和物运至灌注地点时，应检查其均匀性和坍落度等，如不符合要求，应进行第二次拌和，二次拌和后仍不符合要求时，不得使用。

首批灌注混凝土的数量应能满足导管首次埋置深度和填充导管底部的需要。首批混凝土拌和物下落后，混凝土应连续灌注。

在灌注过程中，导管的埋置深度宜控制在2 ~ 6m，在灌注过程中，应经常测探井孔内混凝土面的位置，及时地调整导管埋深。

为防止钢筋骨架上浮，当灌注的混凝土顶面距钢筋骨架底部1m左右时，应降低混凝土的灌注速度。当混凝土拌和物上升到骨架底口4m以上时，提升导管，使其底口高于骨架底部2m以上，即可恢复正常灌注速度。

在灌注过程中，特别是潮汐地区和有承压水地区，应注意保持孔内水头。

在灌注过程中，应将孔内溢出的水或泥浆引流至适当地点处理，不得随意排放，污染环境及河流。

灌注中发生故障时，应查明原因，确定合理处理方案，及时处理。

混凝土应连续灌注直至灌注到设计的混凝土顶面，以保证截切面以下的全部混凝土具有优良质量。

第三节　沉井施工技术

一、施工方法

沉井法施工就是在墩台位置上，按照基础的外形尺寸，用钢筋混凝土或混凝土预先制成一段井筒，然后在井筒内挖土，随着挖土，井筒借助于自重逐渐下沉，沉完一段，接筑一段，一直下沉到设计高程为止。

若为陆地基础，它在地表建造，由取土井排土以减少刃脚土的阻力，一般借自重下沉；若为水中基础，可用筑岛法，或浮运法建造。筑岛法施工的作业过程，在下沉过程中，如侧摩阻力过大，可采用高压射水法、泥浆套法或空气幕等加速下沉。

泥浆套法是把拌制好的泥浆，用高压泥浆泵（压力 $150 \sim 500 kN/cm^2$），通过预埋在井壁中的压浆管，直送井筒下部，喷向井壁外部，在井壁外周形成一圈厚度为 $10 \sim 20mm$ 的泥浆润滑套，使沉井下沉得又快又稳。

空气幕法则是向预埋在井壁四周的气管中压入高压气流，气流由喷气孔喷出壁外，沿沉井外壁上升，在井壁外周形成一圈压气层（亦称空气幕），使周围的土松动或激化，减少摩擦力，促使沉井顺利下沉。

当水很深，筑岛困难时，一般采用浮运法下沉沉井。钢丝网水泥双壁浮运沉井，井筒由内、外两层井壁组成，用横隔板相连，同时又将井筒分隔成多个空格。通过对不同空孔的灌注，可以调节井筒的下沉。井壁用钢筋网和铁丝网组成壁体，抹以强度等级不低于 M40 的水泥砂浆，使之充满网眼，并具有 $1 \sim 3cm$ 的保护层，就形成了井筒的两壁。

浮运沉井可以在岸上制造而滑入水中，也可在驳船上制造，而由驳船载运就位、吊放入水。

沉井下沉到达基底设计高程后，把井底清理干净，灌注一层封底混凝土，然后用混凝土或砂石填实井筒（也有留成空心的），再在筒顶灌注混凝土盖板，桥梁墩身和台身就是建立在盖板上的。

二、排除障碍

（一）施工过程中遇孤石

可采取潜水员水下排除、爆破等方法。在水下爆破时，每次总药量不应超过0.2kg炸药当量。井内无水时，通过计算后，可适当加大药量。

（二）施工过程中遇铁件

可采取水下切割排除。

（三）施工前已经查明在沉井通过的地层中夹有胶结硬层

可采取钻孔投放炸药爆破的办法预先破碎硬层。

三、清底、封底及浇筑

不排水清底：

1.沉井下沉至设计高程后基底面地质满足设计要求，如有不符须做处理时，其方法征得设计单位同意，必要时取样检查。

2.基底土面或岩面尽量整平。基底面距隔墙底面的高度和刃脚斜面露出的高度，满足设计规定的最小高度。

3.基底浮泥或岩面残存物（风化岩碎块、卵石、砂等）均应清除，封底混凝土与基底间不得产生有害夹层。清理后的有效面积（沉井底面积扣除在刃脚斜面下一定宽度内不可能完全清除干净的面积）不得小于设计要求。

4.隔墙底部及封底混凝土高度范围内井壁上的泥污应清除。

沉井在封底混凝土强度满足受力要求后方可抽水浇筑填充混凝土。

第四节　承台和系梁的施工技术

一、承台施工

（一）围堰及开挖方式的选择

当承台处于干处时，一般直接采用明挖基坑，并根据基坑状况采取一定措施后，在其上安装模板，浇筑承台混凝土。

当承台位于水中时，一般先设围堰（钢板桩围堰或吊箱围堰）将群桩围在堰内，然后在堰内河底灌注水下混凝土封底，凝结后，将水抽干，使各桩处于干处，再安装承台模板，在干处灌注承台混凝土。

对于承台底位于河床以上的水中，采用有底吊箱或其他方法在水中将承台模板支撑和固定，如利用桩基，或临时支撑。承台模板安装完毕后抽水，堵漏，即可在干处灌注承台混凝土。

承台模板支承方式的选择应根据水深、承台的类型、现有的条件等因素综合考虑。

（二）承台底的处理

1.低桩承台

当承台底层土质有足够的承载力，又无地下水或能排干水时，可按天然地基上修筑基础的施工方法进行施工。当承台底层土质为松软土，且能排干水施工时，可挖除松软土，换填10～30cm厚砂砾土垫层，使其符合基底的设计标高并整平，即立模灌注承台混凝土。

2.高桩承台

当承台底以下河床为松软土时，可在板桩围堰内填入沙砾至承台底面标高。填砂时视情况决定，可抽干水填入或静水填入，要求能承受灌注封底混凝土的质量。

（三）模板及钢筋

1.模板一般采用组合钢模，纵、横楞木采用型钢，在施工前必须进行详细的模板设计，以保证模板有足够的强度、刚度和稳定性，能可靠地承受施工过程中可能产生的各项荷载，保证结构各部形状、尺寸的准确。模板要求平整，接缝严密，拆装容易，操作方便。一般先拼成若干大块，再由吊车或浮吊（水中）安装就位，支撑牢固。

2.钢筋的制作严格按技术规范及设计图纸的要求进行，墩身的预埋钢筋位置要准确、牢固。

（四）混凝土的浇筑

1.混凝土的配制除要满足技术规范及设计图纸的要求外，还要满足施工的要求，如泵送对坍落度的要求。为改善混凝土的性能，根据具体情况掺加合适的混凝土外加剂，如减水剂、缓凝剂、防冻剂等。

2.混凝土采用拌和站集中拌和，混凝土罐车通过便桥或船只运输到浇筑位置，采用流槽、漏斗或泵车浇筑，也可由混凝土地泵直接在岸上泵入。

3.混凝土浇筑时要分层，分层厚度要根据振捣器的功率确定，要满足技术规范的要求。

（五）混凝土养护和拆模

混凝土浇筑后要适时进行养护，体积较大、气温较高时尤其要注意，防止混凝土开裂。混凝土强度达到拆模要求后再进行拆模。

二、系梁施工

（一）施工工艺流程

测量放样→铺设底模→钢筋安装→模板安装→混凝土浇筑→养护→模板拆除。

（二）具体施工工艺方法

1.铺设底模

按墩身系梁位置进行底模铺设。

2.钢筋安装

钢筋在加工场地预制成型，运至施工现场，采用常规方法进行焊接、安装。

在进行主筋（水平筋）接头时，将预埋筋按单面焊的搭接长度进行搭接，并满足同一搭接长度区段内接头错开50%，焊接标准执行施工规范的要求。安装时应注意预埋盖梁预埋钢筋。

3.模板安装

模板找正采用经纬仪跟踪测量，水平仪测量顶面高程的方法控制，模板支立前涂刷优质脱模剂，以保证混凝土外观质量及拆模便利。

4.混凝土浇筑

系梁混凝土采用集中搅拌站拌和，人工手持振捣棒分层浇筑振捣，塑料布覆盖洒水保湿养护的方法施工。

5.拆模

待混凝土强度达到设计规定强度再行拆模，采用人工配合吊车扶模拆卸。拆模时应注意不能损坏台体混凝土。

第五章　道路桥梁工程施工组织及安全管理

第一节　道路桥梁工程施工组织与管理

一、施工组织设计的任务与原则

（一）道路与桥梁工程施工特点

道路桥梁是一种人工构筑物，是通过设计与施工，消耗大量的人工、材料和机械而完成的建筑产品。和工业生产比较，道路桥梁施工同样是把一系列的资源投入产品（工程）的生产过程，在生产上的阶段性和连续性与组织上的专门化和协作化是一致的。但是，道路桥梁施工与一般工业生产和其他土建工程施工（如房屋建筑）都有所不同。比如，道路工程的线性分布性质，使施工面狭长，流动性大，临时工程多，施工容易受到其他工程和外界干扰，施工管理工作量大，道路施工全系野外作业，受自然条件影响很大，施工受季节影响；工程数量分布不均匀（特别是集中土石方和大中桥），给各施工项之间的协调工作带来困难；由于道路是永久性建筑，占用土地又多，一般不可能拆除重建，因此施工质量尤其重要。

由于道路桥梁施工的上述特点，为了保证施工任务的圆满完成，必须做好施工组织设计，并采取相应的管理措施。

（二）施工组织设计的任务与作用

施工现场的组织与管理工作贯穿施工的全过程，分为施工准备工作、现场施工管理与调度工作及竣工验收与工程结算。具体包括以下内容：

1.施工准备工作

（1）现场调查，即调查地物地貌、水文地质、资源供应及施工运输条件。

（2）图纸会审与技术交底。

（3）编制施工组织设计。

（4）编制施工预算，下达施工任务，签订分包协议。

（5）组织劳力、机械、材料进场。

（6）测量放线，二通一平，按平面布置图搭设临时生产、生活设施。

（7）外部协作，办理施工执照，申办封闭交通。

2.现场施工管理与调度

（1）编制和下达施工作业计划，制定劳动组合与施工作业程序，工程任务划分。

（2）建立施工组织管理体系，形成生产指挥系统。

（3）开展现场技术管理、质量管理、材料管理、机械设备管理、安全文明施工管理及施工现场的平面管理与环境管理。

（4）建立现场调度会议制度，定期分级召开生产调度会议。

（5）推行施工任务书与包工合同，加强基层作业队（班、组）管理。

3.竣工验收与工程结算

（1）工程收尾、清场、返修补修。工程分级检查验收，工程量核实，签证与工程结算，交工会议与签订保修协议。

（2）当承担大中型市政工程施工项目时，应实行"项目法"管理。

施工组织设计的作用是指导拟建工程从施工准备到竣工验收全过程的各综合性的技术经济文件，是沟通工程设计和施工之间的桥梁，是指导现场施工的法规。它的作用是全面规划、布置施工生产活动；制定先进合理的技术和组织措施；确定先进合理、切实可行的施工方案；节约使用人力、物力和加强各方面的协调配合，保证有节奏的连续施工，全面完成施工任务，以便企业以最小的消耗，取得较大的经济效果。

二、施工组织设计的一般原则

组织施工或编制施工组织设计时，应根据施工特点和以往积累的经验，遵循以下几项原则：

1.认真贯彻党和国家对基本建设的各项方针和政策。

2.严格遵守国家和合同规定的工程竣工及交付使用期限。

3.合理安排工程开展程序和施工顺序。建筑施工的特点之一是产品的固定性，因此使建筑施工在同一场地上同时或者先后交叉进行。没有前一阶段的工作，后一阶段的工作就不能进行，同时它们之间又是交错搭接地进行；顺序反映客观规律要求，交叉则反映争取时间的努力。因此，在编制施工组织设计的过程中必须合理安排施工程序。在安排施工程序时必须考虑以下几点：

（1）要及时完成相关的准备工作，为正式施工创造良好条件。

（2）正式施工时应该先进行全场性的工作，然后再进行各个项目的施工。

（3）对于单个构筑物的施工顺序，既要考虑空间的顺序，也要考虑各个工种之间的顺序。

（4）可供整个施工过程使用的建筑物要尽可能地提前建造，以便减少施工的临时设施，从而节约投资。

4.在选择施工方案时，要积极采用新材料、新设备、新工艺和新技术，努力为新结构的推行创造条件；要注意结合工程特点和现场条件，使技术的先进适用性和经济合理性相结合，防止单纯追求先进而忽视经济效益的做法；还要符合施工验收规范、操作规程的要求和遵守有关防火、保安及环保等规定，确保工程质量和施工安全。施工方案的选择必须进行多方案比较。比较时应做到实事求是，在多个方案中选择最经济、最合理的；一切从实际出发，以数据来定方案，数据一定要准确，结论要有理、有力。

5.对于那些必须进入冬、雨季施工的工程，应落实季节性施工措施，以增加全年的施工天数，提高施工的连续性和均衡性。建筑施工周期长，多属露天作业，不可避免地受到天气和季节的影响，主要是冬、雨季的影响。因此，如何克服冬、雨季所造成的不利影响是关键问题。主要措施有两条：一是在安排进度时，将受季节影响较大的施工项目安排在有利的天气进行，将受天气影响较小的项目安排在冬、雨季进行；二是采取一定的措施，保证冬、雨季施工的施工质量与进度。

6.尽量利用正式工程已有设施，以减少各种临时设施；尽量利用当地资源，合理安排运输、装卸与储存作业，减少物资运输量，避免二次搬运；精心进行场地规划布置，节约施工用地，不占或少占农田。

7.必须注意根据地区条件和构件条件，通过技术经济比较，恰当地选择预制方案或现场浇筑方案。确定预制方案时，应贯彻工厂预制与现场预制相结合的方针，努力提高建筑工业化程度，但不能盲目追求装配化程度的提高。

8.要贯彻先进机械、简易机械和改进机械相结合的方针，恰当选择自行装备、租赁机械或机械化分包施工等方式，但不能片面强调提高机械化程度指标。

9.制定节约能源和材料措施。

10.要贯彻"百年大计、质量第一"和预防为主的方针，从各方面制定保证质量的措施，预防和控制影响工程质量的各种因素。

11.要贯彻"安全为了生产，生产必须安全"的方针，建立健全各项安全管理制度，制定安全施工的措施，并在施工过程中经常地进行检查和督促。

三、施工组织设计的阶段与内容

（一）施工组织设计阶段的方案

施工组织设计根据设计和编制对象的不同大致可分为三类：施工组织总设计、单位工程施工组织设计和分部分项工程施工组织设计。

1.施工组织总设计

施工组织总设计即施工组织大纲，它是以群体工程若干个单项工程为对象，在初步设计阶段或扩大初步设计阶段编制的战略性和方针性的全面规划和总体部署，是指导整个工程施工全过程的组织、技术、经济的综合性设计文件。它将建设项目视为一个系统，对影响全系统的重大战略问题进行预测和决策，预见工程建设的进程和发展，预见可能发生的矛盾，从而把握全局，取得主动，指导做好施工前的准备工作，内容比较概括、粗略。它是施工单位编制年度施工计划和单位工程施工组织设计的依据。

施工组织总设计的主要内容包括：工程概况，施工部署与施工方案，施工总进度计划，施工准备工作及各项资源需要计划，施工总平面图，主要技术组织措施及主要技术经济指标等。

2.单位工程施工组织设计

单位工程施工组织设计是以单位工程为对象，在接到施工图纸资料后，并在主体工程开工之前，编制的统筹规划和施工部署，由直接组织施工的单位编制。如确定具体的施工组织、施工方法、技术措施等。内容比施工组织总设计详细、具体，是指导该单位工程施工全过程的组织、技术、经济的综合性文件，也是施工企业编制季度、月度计划的依据。

3.分部分项工程施工组织设计

分部分项工程施工组织设计是以一个较小的单位工程或大型复杂的分部分项工程或专业工程为对象，在接到图纸资料后，并在工程开工之前，针对工程特点和主要施工工序，在施工方法、施工机具、施工进度、劳动组织、技术措施、时间配合和空间布置等方面编制的，用以指导该项工程施工全过程的组织、技术、经济的综合性文件。内容比单位工程施工组织设计详细、具体、简明，是专业工程的具体施工设计。一般在单位工程施工组织设计确定了施工方案之后，由施工队技术员负责编制。

分部分项工程设计的主要内容包括：工程概况、施工方案、施工进度表、施工平面图及技术组织措施等。

施工方案是根据设计图纸和说明书，决定采用哪种施工方法和机械设备，以何种施工顺序和作业组织形式来组织项目施工活动的计划。施工方案确定了，就基本上确定了整个工程施工的进度、劳动力和机械的需要量、工程的成本、现场的状况等。所以说，施工方案的优劣在很大程度上决定了施工组织设计质量的好坏和施工任务能否圆满完成。施工方案包括施工方法与施工机械选择、施工顺序的合理安排，以及作业组织形式和各种技术组织措施等内容。

（1）施工方案制订的原则

①制订方案首先必须从实际出发，符合现场的实际情况，有实现的可能性。所制订

方案在资源、技术上提出的要求应该与当时已有的条件或在一定时间能争取到的条件相吻合，否则是不能实现的。

②施工方案的制订必须满足合同要求的工期。按工期要求投入生产，交付使用，发挥投资效益。

③施工方案的制订必须确保工程质量和施工安全。工程建设是百年大计，要求质量第一，保证施工安全是员工的权利和社会的要求。因此，在制订方案时应充分地考虑工程质量和施工安全，并提出保证工程质量和施工安全的技术组织措施，使方案完全符合技术规范、操作规范和安全规程的要求。如在质量方面制定工序质量控制标准、岗位责任制与经济责任制和质量保障体系等。

④在合同价控制下，尽量降低施工成本，使方案更加经济合理，增加施工生产的盈利。从施工成本的直接费和间接费中找出节约的途径，采取措施控制直接消耗，减少非生产人员，挖掘潜力，使施工费用降到最低限度，不突破合同价，取得好的经济效益。

（2）施工方法的选择

施工方法是施工方案的核心内容，它对工程的实施具有决定性作用。确定施工方法应突出重点，凡是采用新技术、新工艺和对工程质量起关键作用的项目，以及工人在操作上还不够熟练的项目，应详细而具体，不仅要拟定进行这一项目的操作过程和方法，而且要提出质量要求，以及达到这些要求的技术措施，并要预见可能发生的问题，提出预防和解决这些问题的办法。对于一般性工程和常规施工方法则可适当简化，但要提出工程中的特殊要求。

①施工方法选择的依据

正确地选择施工方法是确定施工方案的关键。各个施工过程均可采用多种施工方法进行施工，而每一种施工方法都有其各自的优势和使用的局限性。我们的任务就是从若干可行的施工方法中选择最可行、最经济的施工方法。选择施工方法的依据主要有：

a.工程特点。主要指工程项目的规模、构造、工艺要求、技术要求等方面。

b.工期要求。要明确本工程的总工期和各分部、分项工程的工期是紧迫、正常与充裕三种情况的哪一种。

c.施工组织条件。主要指气候等自然条件，施工单位的技术水平和管理水平，所需设备、材料、资金等供应的可能性。

d.工程扩建，要求采用的施工方法必须保证既有工程的安全和行车的安全。

e.设计图纸，主要指根据设计图纸的要求，确定施工方法。如隧道施工设计要求用新奥法施工，确保施工质量和安全，且保证要求的工期，那么在做施工准备时必须按新奥法施工要求做准备。

f.施工方案的基本要求。主要是指根据制订施工方案的基本要求确定施工方法。对于任何工程项目都有多种施工方法可供选择，但究竟采用何种方法，将对施工方案的内容产生巨大影响。

②施工方法的确定与机械选择的关系

公路工程施工机械的合理组合也是公路建设中选择施工机械时应遵循的原则之一。施工机械的合理组合分为技术性能组合和类型、数量组合。施工机械技术性能的合理组合包括以下三方面：

a.主要机械与配套机械的组合。配套机械的工作容量、生产率和数量应稍大一点，以便充分发挥主要机械的作业效率。例如，自卸运输车的车厢容积应是挖掘机铲斗工作容量的3～5倍，但不要大于7～8倍。

b.主要机械与辅助机械的组合。辅助机械的生产率应略大一些，以便充分发挥主要机械的生产率。

c.牵引车与其他机具的组合。两者要互相适应，以便获得最佳的联合作业效益。

施工机械类型与其数量的合理组合：施工机械类型及数量宜少不宜多。根据道路建设项目的作业内容，尽可能地选用大工作容量、高作业效率的相同类型的施工机械。一般来说，组合的施工机械台数适当减少，有利于提高协同作业的效率。施工机械品种、规格单一时，便于施工过程中的调度、管理和维护。并列组合，只依靠一套施工机械组合作业，当主要施工机械发生故障时，就会造成建设项目全线停工。若选用两套或多套施工机械并列作业，则可避免或减少全线停工现象的发生。沥青路面施工中多采用两套沥青摊铺机、压路机并列作业即为典型实例。

（3）施工机械选配

在多年的公路工程施工实践中，从实际出发，根据道路建设项目和施工机械保有量（机型、规格、数量），可采用如下不同的方法选配施工机械：

①根据道路建设项目作业内容选择施工机械。以路基工程施工为例，路基工程作业内容包括土石方挖掘、铲运、填筑、压实、修整及挖沟等基本内容，以及伐树除根、松土、爆破、表层清理和处置等辅助作业，每种作业可根据工程类别选择机械与设备。

②根据道路建设项目工程量选择施工机械。在公路建设项目的施工期限内，按照施工计划中的月作业强度和日作业量选择施工机械。

③根据运输距离和道路情况选择施工机械。在沥青路面施工中，为保证沥青混合料摊铺工序所需温度（≥110℃）和压实工序所需温度（≥90℃），自卸车运输沥青混合料的距离不宜超过30km。

④根据土质选择施工机械。在路基工程施工中，土壤是施工机械作业的主要对象，其性质和状态直接关系到施工机械的作业质量、作业效率和成本，因此土质是选择施工机械的重要根据之一。根据土壤性质和状态，可选择推土机、装载机、平地机、挖掘机等，压

实机械有光面压路机、轮胎压路机、振动压路机等土方施工机械。

⑤根据气象条件选择施工机械。雨水会迅速改变土壤状态，特别是黏土。因此，选择施工机械时要充分考虑道路建设项目施工期间的气象情况。如久晴不下雨、土质干燥时，可选择轮式施工机械进行作业；反之，旷日持久下雨、土壤过分潮湿和作业场地及道路泥泞时，则选用履带式施工机械进行作业为宜。

（4）施工机械的选择和优化

施工机械对施工工艺、施工方法有直接影响，施工机械化是现代化大生产的显著标志，对加快建设速度、提高工程质量、保证施工安全、节约工程成本起着至关重要的作用。因此，选择施工机械成为确定施工方案的一个重要内容，应主要考虑下列问题：

①在选用施工机械时，应尽量选用施工单位现有机械，以减少资金的投入，充分发挥现有机械效率。若现有机械不能满足工程需要，则可考虑租赁或购买。

②机械类型应符合施工现场的条件。施工条件指施工场地的地质、地形、工程量大小和施工进度等，特别是工程量和施工进度计划，是合理选择机械的重要依据。一般来说，为了保证施工进度和提高经济效益，工程量大应采用大型机械，工程量小则应采用中小型机械，但也不是绝对的。如一项大型土方工程，由于施工地区偏僻，道路、桥梁狭窄或载重量限制大型机械的通过，如果只是专门为了它的运输问题而修路、桥，显然是不经济的，因此应选用中型机械施工。

③在同一建筑工地上施工机械的种类和型号应尽可能少。为了便于现场施工机械的管理及减少转移，对于工程量大的工程应采用专用机械；对于工程量小而分散的工程，则应尽量采用多用途的施工机械。

④要考虑所选机械的运行费用是否经济，避免大机小用。施工机械的选择应以能否满足施工的需要为目的。如本来土方量不大，却用了大型土方机械，结果不到一星期就完工了，但大型机械的台班费、进出场的运输费、便道的修筑费及折旧费等固定费用相当庞大，使运行费用过高，超过缩短工期所创造的价值。

⑤施工机械的合理组合。选择施工机械时，要考虑各种机械的合理组合，这样才能使选择的施工机械充分发挥效率。合理组合是指主机与辅机在台数和生产能力上的相互适应，作业线上的各种机械互相配套的组合。主机与辅机的组合：一定要在设法保证主机充分发挥作用的前提下，考虑辅机的台数和生产能力。作业线上各种机械的配套组合：一种机械化施工作业线是由几种机械联合作业组合成一条龙施工，才能具备整体生产能力，如果其中某种机械的生产能力不适应作业线上的其他机械，或机械可靠性不好，都会使整条作业线的机械发挥不了作用。如在桥梁工程中的混凝土拌和机、塔吊、吊斗的一条龙施工，就存在合理配套组合的问题。

⑥选择施工机械时应从全局出发统筹考虑。全局出发就是不仅考虑本项工程，而且考

虑所承担的同一现场或附近现场其他工程的施工机械的使用。这就是说，从局部考虑去选择机械是不合理的，应从全局的角度进行考虑。

（5）施工顺序的选择

施工顺序是指施工过程或分项工程之间施工的先后次序，它是编制施工方案的重要内容之一。施工顺序安排得好，可以加快施工进度，减少人工和机械的停歇时间，并能充分利用工作面，避免施工干扰，达到均衡、连续施工的目的，并能实现科学地组织施工，做到不增加资源，加快工期，降低施工成本。安排好一个施工项目的施工顺序，要考虑到多方面的因素：

①统筹考虑各施工过程之间的关系。在工程施工过程中，任何相邻的施工过程之间总是有先有后，有些是由于施工工艺的要求而固定不变的，也有些不受工艺限制，有一定的灵活性。

②考虑施工方法和施工机械的要求。如桥梁工程的基础是钻孔灌注桩，施工方法采用钻孔机钻孔，在安排每个基础每根桩的施工顺序时相邻桩不能顺序施工，否则会发生塌孔现象，所以必须间隔施工。采用间隔施工时，钻机移动的次数会增多，而钻机移动需要拆卸和重新安装，很费时间。此时必须采取措施合理安排桩基的施工顺序，既要保证钻机移动得最少，又要保证钻孔安全，还能加快施工进度。

③考虑施工工期与施工组织的要求。合理的施工顺序与施工工期有较密切的关系，施工工期影响到施工顺序的选用，如有些建筑物，由于工期要求紧张，采用逆作法施工，这样便导致施工顺序的较大变化。

一般情况下，满足施工工艺条件的施工方案可能有多个，因此，还应考虑施工组织的要求，通过对方案的分析、对比，选择经济、合理的施工顺序。通常，在相同条件下，应优先选择能为后续施工过程创造良好施工条件的施工顺序。

④考虑施工质量的要求。确定施工顺序时，应以充分保证工程质量为前提。当有可能出现影响工程质量的情况时，应重新安排施工顺序或采取必要的技术措施。

⑤考虑当地的气候条件和水文要求。在安排施工顺序时，应考虑冬季、雨季、台风等气候的影响，特别是受气候影响大的分部工程应尤为注意。在南方施工时，应从雨季考虑施工顺序，可能因雨季而不能施工的应安排在雨季前进行。如土方工程不能安排在雨季施工。在严寒地区施工时，则应考虑冬季施工特点安排施工顺序。桥梁工程应特别注意水文资料，枯水季节宜先施工位于河中的基础等。

⑥安排施工顺序时应考虑经济和节约，降低施工成本。合理安排施工顺序，加速周转材料的周转次数，并尽量减少配备的数量。通过合理安排施工顺序可缩短施工期，减少管理费、人工费、机械台班费等，降低工程成本，给项目带来显著的经济效益。

⑦考虑施工安全要求。在安排施工顺序时，应力求各施工过程的搭接不会产生不安全

因素，以避免安全事故的发生。

（6）技术组织措施的设计

组织措施是施工企业为完成施工任务，保证工程工期，提高工程质量，降低工程成本，在技术上和组织上所采取的措施。企业应该把编制技术组织措施作为提高技术水平的关键，改善经营管理。通过编制技术组织措施，结合企业内部实际情况，很好地学习和推广同行业的先进技术和行之有效的组织管理经验。

技术组织措施主要包括以下三方面的内容：

①提高劳动生产率和机械化水平，加快施工进度方面的技术组织措施。例如，推广新技术、新工艺、新材料，改进施工机械设备的组织管理，提高机械的完好率、利用率，科学地进行劳动组合等方面的措施。

②提高工程质量，保证生产安全方面的技术组织措施。

③施工中的节约资源，包括节约材料、动力、燃料和降低运输费用的技术组织措施。

为使编制技术组织措施的工作经常化、制度化，企业应分段编制施工技术组织措施计划。

工期保证措施主要包括以下五方面的内容：

①施工准备抓早、抓紧。尽快做好施工准备工作，认真复核图纸，进一步完善施工组织设计，落实重大施工方案，积极配合业主及有关单位办理征地拆迁手续。主动疏通地方关系，取得地方政府及有关部门的支持，施工中遇到问题而影响进度时，要统筹安排，及时调整，确保总体工期。

②采用先进的管理方法（如网络计划技术等）对施工进度进行动态管理。以投标的施工组织进度和工期要求为依据，及时完善施工组织设计，落实施工方案，报监理工程师审批。

根据施工情况变化，不断进行设计、优化，使工序衔接、劳动力组织、机具设备、工期安排等有利于施工生产。

③建立调度指挥系统，全面、及时掌握并迅速、准确地处理影响施工进度的各种问题。对工程交叉和施工干扰应加强指挥和协调，对重大关键问题超前研究，制定措施，及时调整工序，调动人、财、物、机，保证工程的连续性和均衡性。

④加强物资供应计划的管理。每月、旬提出资源使用计划和进场时间。

⑤对控制工期的重点工程，优先保证资源供应，加强施工管理和控制。如现场昼夜值班制度，及时调配资源和协调工作等。

保证质量措施主要包括以下内容：

保证质量的关键是对工程对象经常发生的质量通病制定防治措施，从全面质量管理的角度，把措施落到实处，建立质量保证体系，保证"PDCA循环"的正常运转，全面贯彻执行国际质量认证标准。对采用的新工艺、新材料、新技术和新结构，必须制定有针对性的技术措施，以保证工程质量。

常见的质量保证措施有：质量控制机构和创优规划；加强教育，提高项目全员综合素质；强化质量意识，健全规章制度；建立分部、分项工程的质量检查和控制措施；技术、质量要求比较高，施工难度大的工作，成立科技质量攻关小组——全面质量管理体系中QC攻关小组，确保工程质量；全面执行和贯彻标准、行业指导书，保证工序质量和工作质量。

工程安全施工措施主要包括以下内容：

安全施工措施应贯彻安全操作规程，对施工中可能发生安全问题的环节进行预测，提出预防措施。杜绝重大事故和人身伤亡事故的发生，把一般事故降到最低限度，确保施工的顺利进展。

安全施工措施的内容包括：全面推行和执行职业安全健康管理体系标准，在项目开工前，进行详细的危险辨识，制定安全管理制度和作业指导书；建立安全保证体系，项目部和各施工队设专职安全员，专职安全员属质检科，在项目经理和副经理的领导下，履行保证安全的一切工作；利用各种宣传工具，采用多种教育形式，使职工树立"安全第一"的思想，不断强化安全意识，使安全管理制度化、教育经常化；各级领导在下达生产任务时，必须同时下达安全技术措施；检查工作时，必须总结安全生产情况，提出安全生产要求，把安全生产贯彻到施工的全过程中去；认真执行定期安全教育、安全讲话、安全检查制度，设立安全监督岗，发挥群众安全人员的作用，对发现的事故隐患和危及工程、人身安全事项，要及时处理，并做记录，及时改正，落实到人；施工临时结构前，必须向员工进行安全技术交底，对临时结构必须进行安全设计和技术鉴定，合格后方可使用。

施工环境的保护措施主要包括以下内容：

为了保护环境，防止污染，尤其是防止在城市施工中造成污染，出台防止污染的措施。主要包括：积极推行和贯彻环境管理体系标准，制定相应的环境保护管理制度和作业指导书；对施工环境保护意识进行宣传教育，提高对环境保护工作的认识；保护施工场地周围的绿色覆盖层及植物，防止水土流失。

（二）施工组织计划内容

1.工程概况

（1）简要说明工程名称，施工单位名称，建设单位及监理机构、设计单位、质检站名称，合同开工日期和施工日期，合同价（中标价）。

（2）简要介绍拟建工程的地理位置、地形地貌、水文、气候、降雨量、雨季、交通运输、水电情况。

（3）施工组织机构设置及职责部门之间的关系。

（4）工程结构、规模、主要工程数量表。

（5）合同特殊要求，如业主提供结构材料、指定分包商等。

2.施工总平面部署

（1）简要说明可供使用的土地、设施、周围环境、环保要求，需要保护或注意的情况。

（2）施工总平面布置必须以平面布置图表示，并应标明拟建工程平面位置、生产区、生活区、预制场、材料场、爆破器材库位置。

（3）施工总平面布置可用一张图，也可用多张相关的图表示；图上无法表示的，应用文字简单叙述。

3.技术规范及检验标准

（1）明确本工程所使用的施工技术规范和质量检验评定标准。

（2）注明本工程所使用的作业指导书的编号和标题。

4.施工顺序及主要工序的施工方法

（1）施工顺序。一般应以流程图表示各分项工程的施工顺序和相关关系，必要时附以文字简要说明。

（2）施工方法。施工方法是施工组织设计重点叙述的部分，它包含主要分项工程的施工方法，重点叙述技术难度大、工种多、机械设备配合多、经验不足的工序和结构关键部位。对于常规的施工工序则简要说明。

5.质量保证计划

（1）明确工程质量目标。

（2）确定质量保证措施。

根据工程实际情况，按分项工程项目分别制定质量保证技术措施，并配备工程所需的各类技术人员；对于工程的特殊过程，应对其连续监控和持证上岗作业，并制定相应的措施和规定；对于分包工程的质量要制定相应的措施和规定。

6.安全劳保技术措施

安全劳保技术措施包括水上作业、高空作业、夜间作业、起吊安装、预应力张拉、爆破作业、汽车运输和机械作业等安全措施，安全用电、防水、防火、防风、防洪的措施；机械、车辆多工种交叉作业的安全措施，操作者安全环保的工作环境，所需要采取的措施，拟建工程施工过程中工程本身的防护和防碰撞措施，维持交通安全的标志。所有措施应遵守行业和公司各类安全技术操作规程和各项预防事故的规定，应由项目部的安全部门负责人审核后定稿。

7.施工总进度计划

（1）施工总进度计划用网络图和横道图表示。

（2）计划一般以分项工程划分并标明工程数量。

（3）将关键线路（工序）用粗线条（或双线）表示。

（4）根据施工强度配备各类机械设备。

8.物资需用量计划

（1）本计划用表格表示，并将施工材料和施工用料分开。

（2）计划应注明由业主提供或自行采购。

（3）计划一般按月提出物资需用量，以分项工程为单位计算需用量。

（4）本计划同时附有物资计划汇总表，将配备品种、规格、型号的物资汇总。

9.机械设备使用计划

（1）机械设备使用计划一般用横道图表。

（2）计划应说明施工所需机械设备的名称、规格、型号、数量等。

（3）计划应标明最迟的进场时间和总的使用时间。

（4）必要时，可注明某一种设备是租用外单位或自行购置。

10.劳动力需用量计划

（1）劳动力需用量计划以表格表示。

（2）计划应将各技术工种和普通杂工分开，根据总进度计划需要，统计各月工种最多和最少人数。

（3）计划应说明本单位各工种自有人数和需要调配或雇用人数。

第二节　道路桥梁工程施工与环境保护

一、道路与桥梁施工环境保护基本概念

公路工程环境保护必须根据经济规律和生态规律的要求，认真贯彻"经济建设、城市建设、环境建设同步规划、同步实施、同步发展"的三同步方针和"经济效益、环境效益、社会效益"的三统一方针。多年来，公路环保事业与时代同步，环境保护队伍从无到有，从弱到强，逐步发展壮大，交通环保工作从点到面，逐步展开。随着国家全面建成小康社会时期的到来，交通行业迎来了一个长期高速发展时期。

（一）水土保持的基本规定

1.水土保持工作的方针。根据我国的水土流失发展状况，确定了"预防为主，全面规划，综合防治，因地制宜，加强管理，注重效益"的水土保持工作方针，把预防保护工作摆到了首位。

2.权利义务的规定。防治公路建设造成水土流失的总原则是"谁开发谁保护，谁造成水土流失谁负责治理"。

3.水土保持的责任范围。根据水土保持法规规定的"谁开发谁保护，谁造成水土流失谁负责治理"的原则，按照国家行业标准《开发建设项目水土保持方案技术规范》规定，公路建设水土流失防治责任范围包括项目建设区（一般指公路建设主体工程区、取土场、弃土弃渣场及临时工程占地等）和直接影响区（一般指由于公路建设行为而造成水土流失危害的直接产生影响区域，如项目区外的拆迁安置区、排水承纳区等）。

4.水土流失防治实行分区防治原则。要求县级以上人民政府根据当地水土流失的具体情况，划定水土流失重点防治区，即重点预防保护区、重点监督区、重点治理区，进行分类指导，分区防治。

5.水土保持的"三同时"制度。根据《中华人民共和国水土保持法》的规定，我国实行水土保持"三同时"制度。水土保持"三同时"制度是指建设项目中的水土保持设施，必须与主体工程同时设计、同时施工、同时投产使用。建设项目设计中要同时编制水土保持方案，并经水土保持行政主管部门批准，施工时要同时按水土保持方案的要求建设水土保持设施，主体工程与相关水土保持设施要同时建成竣工并投入使用。

6.建立水土保持方案报告制度。凡从事可能引起水土流失的生产建设活动的单位和个人，必须首先编报水土保持方案，经水土保持行政主管部门批准后方可审批环境影响报告，才能申请计划部门立项。

7.明确水土保持机构的监督职能。县级以上地方人民政府行政主管部门及其水土保持监督管理机构，地方政府设立的水土保持机构，对水土流失的防治实施监督检查，这是贯彻实施水土保持法的重要保证。

（二）水土保持方案的意义和作用

1.落实法律规定的水土流失防治义务。

2.水土保持列入开发建设项目的总体规划。

3.水土流失防治有科学规划和技术保证。

4.有利于水土保持执法部门监督实施。

（三）水土保持的原则和目标

1.水土保持的原则

公路建设水土保持必须按照经济规律和生态规律进行，以保护生态环境为基点来建立水土保持目标，促进经济的发展。公路建设水土保持应当遵守水土保持法规、水土保持技术标准和环境保护总体要求的共同原则，同时还要根据主体工程设计及施工的特点，遵守以下基本原则：

（1）坚持"预防为主、防治结合"的水土保持方针。

（2）水土保持与公路建设相结合。

（3）因地制宜、因害设防，重点治理与一般防护相结合。

（4）公路水土保持管理与地方水土保持管理相结合。

2.水土保持的预期目标

公路施工及运营过程中，通过布设水土保持工程的生物措施，使新增水土流失得到有效控制，项目区原有的水土流失得到有效处理，减少水土流失造成的危害。恢复和保护公路沿线水土保持设施，加大公路绿化里程，改善生态环境。具体目标如下：

（1）通过采用有效的水土保持措施使边坡稳定，岩石、表土不裸露，为公路安全运行服务，避免水土流失对工程本身的危害。

（2）取土场全部做防护处理，覆土加以利用。

（3）通过对弃土（渣）场进行综合治理，使工程施工过程中产生的弃土、石渣得到有效拦挡或利用。

（4）工程与植物措施相结合，使泥沙不进入下游河道，不影响河流正常行洪。

（5）做好公路绿化工程的养护，使生态环境明显改善。

（四）水土保持方案编制内容

1.方案编制总则，含编制依据、技术标准。

2.建设项目及其周边地区概况。

3.生产建设过程中水土流失预测。

4.水土流失防治措施。

5.水土保持投资概（估）算及效益分析。

6.方案实施保证措施。

（五）水土保持方案审批规定

1.行业归口管理

各级水行政主管部门及地方政府设立的水土保持机构负责审批建设项目的水土保持方案。

2.分级审批制度

（1）国务院或者国务院有关部门审批、核准、备案的生产建设项目，其水土保持方案由水利部审批。

（2）县级以上地方人民政府及其有关部门审批、核准、备案的生产建设项目，其水土保持方案由同级人民政府水行政主管部门审批。

（3）跨行政区域的生产建设项目，其水土保持方案由共同的上一级人民政府水行政主管部门审批。

3.修改申报制度

经审批的水土保持方案，如项目性质、规模、地点等发生变化，应及时修改方案，并报原批准单位审批。

（六）水土保持方案实施规定

1.投资责任。企事业单位在公路建设和生产过程中造成水土流失，由其负责治理。

2.组织治理方式。项目建设单位有能力（主要是技术、人员、管理等能力）进行治理的，自行治理；因技术等原因无力自行治理的，可以缴纳防治费，由水行政主管部门代为组织治理。

3.监督实施。工程所在地的水行政主管部门有权监督建设单位按批准的水土保持方案进行实施，具有法律强制性。

4.竣工验收。根据水土保持"三同时"制度的要求，建设项目主体工程验收时，应同时验收水土保持设施。

（七）公路工程竣工环境保护验收

公路建设项目竣工环境保护验收是指公路建设项目竣工后，环境保护行政主管部门依据《建设项目竣工环境保护验收管理办法》，根据环境保护验收监测或调查结果，并通过现场检查等手段，考核该公路建设项目是否达到环境保护要求的活动。

1.验收方法

公路建设项目竣工后，建设单位应当向有审批权的（审批该建设项目环境影响评价文件的）环境保护行政主管部门申请环境保护设施竣工验收，同时报县级以上人民政府交通主管部门，县级以上人民政府交通主管部门按规定组织公路建设项目的竣工验收，应当有环境保护机构参加。

公路建设项目的建设单位、设计单位、施工单位、监理单位、环境影响报告书（表）编制单位、环境保护验收调查报告（表）的编制单位应当参与验收。对填报建设项目竣工验收登记卡的建设项目，环境保护行政主管部门经过核查后，可直接在环境保护验收登记卡上签署意见，做出批准决定。国家对建设项目竣工环境保护验收实行公告制度，环境保护行政主管部门应定期向社会公告建设项目竣工环境保护验收结果。

2.验收申报

建设单位应最迟在建设项目整体正式验收两个月前按要求填写建设项目竣工环境保护执行报告及建设项目竣工环境保护验收申请报告（申请登记表、登记卡），并附环境保护验收调查报告（调查表），报环境保护行政主管部门。

3.验收条件

（1）建设前期审查、审批手续完备，技术资料与环境保护档案资料齐全。

（2）环境保护设施及其他措施等已按批准的环境影响评价文件和设计文件的要求建成或者落实。

（3）环境保护设施安装质量符合国家和有关部门颁发的专业工程验收规范、规程和检验评定标准。

（4）具备环境保护设施正常运转的条件，包括：经培训合格的操作人员，健全的岗位操作规程及相应规章制度，原料、动力供应落实，符合交付使用的其他条件。

（5）污染物排放符合环境影响评价文件中提出的标准及核定的污染物排放总量控制指标的要求。

（6）各项生态保护措施按环境影响评价文件规定的要求落实，项目建设过程中受到破坏并可以恢复的环境已按规定采取了恢复措施。

（7）环境监测项目、地点、机械设置及人员配备，符合环境影响评价文件和有关规定的要求。

（8）环境影响评价文件提出须对环境保护敏感点进行环境影响验证、施工期环境保护措施落实情况进行工程环境监理的，已按规定要求完成。

4.验收范围

与公路建设项目有关的各项环境保护设施，包括为防治污染和保护环境所建成或配备的工程、设备、设施和监测手段，各项生态环境保护设施；环境影响评价文件和有关项目设计文件规定应采取的其他各项环境保护措施。

5.提交材料

公路建设项目竣工环境保护验收时，要提交下列材料：

建设项目竣工环境保护执行报告。

建设项目竣工环境保护执行报告由建设单位在环境保护行政主管部门进行现场检查前自行负责编写。主要内容包括：

（1）建设项目的基本情况，包括项目立项、投资概算、环境影响评价、环保初步设计、主要经济技术指标、主要工程量、施工概况、试运行情况等。

（2）建设项目主要污染物排放情况。

（3）环保设施基本情况，包括环评及其批复要求的落实情况，各项环保设施是否正常、稳定、持续运转，各项环保设施的处理工艺、处理能力、处理效率及排放情况，环保设施投资及其占总投资的比例等，并附加环境保护措施及投资一览表。

（4）各类污染物是否按环评及其批复的要求进行排放，环境敏感点上是否达到经批复的环评要求。

（5）生态恢复、绿化及固体废弃物综合利用情况。

（6）企业环境管理组织机构及环保规章制度。

（7）环境保护工作存在问题及完善计划。

建设项目竣工环境保护验收申请表、建设项目竣工环境保护验收登记卡、建设项目竣工环境保护验收申请报告（申请登记表、登记卡）的内容和格式由国家环境保护总局制定。建设项目竣工环境保护验收分类管理的办法包括：

（1）对编制环境影响报告书的公路建设项目，为建设项目竣工环境保护验收申请报告，并附加环境保护验收调查报告。

（2）对编制环境影响报告表的公路建设项目，为建设项目竣工环境保护验收申请表，并附环境保护验收调查表。

（3）对填报环境影响登记表的公路建设项目，为建设项目竣工环境保护验收登记卡。

（4）环境保护验收调查报告（表），由建设单位委托经环境保护行政主管部门批准，有相应资质的环境监测站或者具有相应资质的环境影响评价单位编制。原承担该建设项目环境影响评价工作的单位，不得同时承担该建设项目环境保护验收调查报告（表）的编制工作。

二、环境保护依据

自20世纪80年代起，按照国家有关环境保护的规定，在公路建设项目的可行性研究阶段执行环境影响评价制度。通过环境影响评价，对项目存在的环境影响问题进行分析、预测，并针对不利环境的影响提出防治措施，要求项目在规划设计阶段和建成运营阶段严格落实执行。涉及亚行和世行贷款项目对环境保护问题尤为重视，要求在环境影响评价报告的基础上编制环境保护行动计划，以指导项目的整个实施过程。因此，在公路施工过程中实行环境保护，是对项目全过程环境保护管理不可缺少的重要环节，也完全符合国家关于环境保护必须与工程主体"同时设计、同时实施、同时交付使用"的三同时原则。为了保护环境，国家制定了很多规定，具体如下：

1.项目的环境影响评价报告书。

2.项目的环境行动计划（贷款项目均有此文件）。

3.国家有关资源环境保护法规。

4.国家有关文物保护法规。

5.国家有关环境质量法规。

6.地方有关环境质量法规。

具体到实际法律有：《环境保护法》《环境影响评价法》《水污染防治法》《大气污染防治法》《环境噪声污染防治法》《固体废物污染环境防治法》《放射性污染防治法》《清洁生产促进法》。

三、施工对生态环境的影响及防治

（一）公路施工对生态环境的影响

1.道路的廊道与分割效应。对于生物来说，尤其是对地面的动物，公路的建设导致自然生境的人为分割，使生境岛屿化，不利于生物多样性的保护。为避免生境岛屿化造成的生物多样性受损，许多自然保护区需要建立与其他自然保护区域、自然地域的通道，这就是经常所说的"生物走廊"。

2.水文影响。公路建设会改变地表径流的固有态势，从而造成冲、淤、涝、渍等局部影响。

3.对土地利用的影响。公路建设对土地利用的影响较为显著，将改变沿线被征用土地的利用现状，其中对耕地的占用较为突出。

4.生态敏感地区的影响。交通运输线路长，会穿越各种生态系统，其中不可避免地会涉及一些特殊、敏感的生态能区，如湿地、荒地、自然保护区、天然森林、森林公园、水源保护区、风景名胜区、特殊地质地貌区，以及生态脆弱区、自然灾害多发区等。

（二）施工对生态环境的防治措施

1.充分考虑公路环保措施，严格控制公路占地面积和临时用地规模，减少对耕地和植被的破坏；避开环境敏感性区域，如学校、工厂、医院、名胜古迹、自然保护区、精密食品基地和军事设施等。

2.重视水土资源，减少水土流失。工程设计应充分考虑水土流失预防措施，一是注意填挖平衡，减少土石方量，减少借土弃土；二是做好边坡防护设计工作，确保边坡稳定，以减少将来使用过程中的不良病害发生，并应根据地质情况多采用种草植树的绿化护坡方法；三是做好沿线排水设计；四是合理取土、规范弃土、保护耕地、少占良田，应尽量在荒地或低产耕地集中取土，取土后对取土坑进行后期利用，弃方应集中堆弃，不占农田，堆弃后应上覆表土，播种绿化。

3.注意保持原有的灌溉系统和自然水网体系。桥梁布置尽量避免影响河流水文、水流特征，做到顺应地形和原水体流向；避免改变或堵塞大型河沟；对小型排灌系统如遭破坏应予以恢复或加以调整，合理设置小桥涵位置，必要时对原有排灌体系进行优化合并或改移；做好项目自身的排水系统，增加必要构造设施以防止路基路面排水对农田水利的冲击。

4.做好公路沿线景观设计工作。首先路线要尽量与地形地貌相吻合，减少土石方量，减少对自然风景的破坏，避开受保护的景观空间；还要加强道路沿线绿化，以补充和改善沿线景观，如边坡尽量采用种草植树的护坡方式。

四、施工噪声及振动的影响及防治

（一）公路施工噪声及振动的影响

在公路施工期间，各种作业机械和运动车辆产生施工噪声，对环境产生一定影响。由于施工机械不单是噪声源，同时也是振动源。大多数施工机械5m处的声级为80～90dB，运输车辆7.5m处的声级为80～86dB。

除了打桩和爆破作业外，其他施工阶段的一般施工噪声的达标距离，在昼间约需60m，而在夜间则需200m，甚至更远。因此，在施工期间，这些施工机械产生的噪声对公路两侧一定范围内的居民会产生一定影响，有的甚至影响居民的正常生活。

（二）施工噪声及振动的防治措施

1.合理选址。施工人员生活区、大型施工场地，以及水泥混凝土拌和场、沥青混凝土拌和场、碎石厂的选址，应尽可能远离学校、医院、幼儿园、敬老院、居民集中区等环境敏感点，最好在200m以上。如果达不到此要求，可对强噪声源采取消声、隔声、减振等措施。

2.选用低噪声、低振动的施工工艺。

3.加强施工机械和运输车辆的保养、维修。

4.环境敏感点附近采取施工防治噪声振动措施。

五、道路与桥梁施工废水的影响及防治

（一）公路施工废水对环境的影响

公路施工过程中对水环境的影响主要来自施工作业中的生产废水和施工人员生活污水

两方面。施工作业的生产废水主要指工程中各大、中、小桥梁建设过程中钻孔桩污水和施工机械所产生的含油污水等。

1.桥梁施工的影响。桥梁施工中对水体的影响主要是桥桩建设时采用钻孔灌注桩，其对河道水体的影响主要是钻孔扰动河水使底泥浮起，局部悬浮物增加，河水变得较为混浊。

2.施工物料流失的影响。公路建设由于建筑材料堆放、管理不当，特别是易流失的物资、土方等露天堆放，遇暴雨时将可能被冲刷进入水体，建材在运输过程中的散落也会随雨水进入附近的水体；而施工中，如水泥拌和后没有及时使用造成的废弃等，部分建材也会随雨水进入附近的水体。

3.机修及洗车废水的影响。公路建设中的汽车维修站及施工设备维修站的污水，常含有泥沙和油类物质，若不经过处理直接排入周围水体，必将造成水域的油类污染。

4.施工人员生活污水的影响。公路施工时，施工人员集中生活，在特大桥、大桥、互通等大型施工场地，施工人员可达数百人。如果施工营地生活污水直接排放，对附近河道会产生一定的污染。

（二）道路与桥梁施工废水的防治措施

1.实施清洁生产，减少废水量。

2.开展科学研究，采用先进技术。

3.开展环境宣传，提高环保意识。

4.从全局出发，对废水进行妥善处理。

六、道路与桥梁施工对空气环境的影响及防治

（一）公路施工对空气环境的影响

公路施工阶段，对空气环境的污染主要来自施工扬尘、施工车辆尾气及路面铺浇沥青的烟气。

1.施工扬尘对环境的影响。施工扬尘主要有车辆行驶扬尘、堆场扬尘、拌和扬尘。

2.沥青烟气对环境的影响。沥青混凝土路面施工阶段的空气污染除扬尘外，沥青烟气是主要污染源，会对附近的居民产生一定的影响。

（二）道路与桥梁施工对空气环境的防治措施

1.运输扬尘的防治。运输道路应定时洒水，每天至少两次（上、下班）；粉状材料应罐装或袋装，粉煤灰采用湿装湿运。土、水泥、石灰等材料运输时禁止超载，并盖篷布，

如有撒落，应派人立即清除。

2.沥青混凝土拌和。沥青混凝土集中拌和，合理安排沥青混凝土拌和场；沥青混凝土拌和场不得选在环境敏感点上风向，与其距离应在300m以上。

3.灰土拌和。合理安排拌和场并集中拌和，尽量减少拌和场；灰土拌和场不得选在环境敏感点上风向，与其距离应在200m以上。

4.水泥混凝土拌和。水泥混凝土集中拌和，封闭装罐运输；水泥混凝土拌和场不得选在环境敏感点上风向，与其距离应在300m以上。

七、道路与桥梁建设对社会环境的影响及防治

（一）公路建设对社会环境的影响

1.对社会经济的影响。公路建设对沿线区域的社会经济发展有积极的促进作用，公路建设将促进沿线区域的城镇化进程。

2.征地拆迁的影响。

3.对基础设施的影响。如对水、电等基础设施的影响，对其他道路的影响。

4.对人员交往的阻隔。

5.对文物保护的影响。

（二）减缓公路建设对社会环境影响的措施

1.节约用地。

（1）在施工招标时，应将耕地保护的条款列入招标文件。

（2）项目法人要增强耕地保护意识，统筹工程实施临时用地，加强科学指导。

（3）施工单位要严格控制临时用地数量，施工便道、各种料场、预制场要根据工程进度统筹考虑，尽可能设置在公路用地范围内或利用荒坡、废弃地解决。

（4）进行公路绿化，如公路沿线是耕地则要严格控制绿化带宽度。

（5）公路建设中废弃的旧路要尽可能复垦，不能复垦的要尽量绿化，避免闲置浪费。

（6）农村公路改建要贯彻因地制宜，充分利用旧路资源的原则，尽量在原有路基基础上加宽改造，尽量减少占地，保护基本农田。

2.减小施工对当地交通的影响。

3.做好与水、电、通信等部门的协调工作。

4.其他措施。根据沿线实际情况，增加或改移通道、天桥等，减少对人民群众生产、生活、上学、交往的阻隔；对临时用地进行清理、平整、恢复等。

第三节　道路桥梁工程施工安全

安全管理是施工企业管理的一项重要内容，也是施工现场一时一刻都不能忽视的工作。确保安全施工、防止事故发生，是企业全体职工的重要任务，是各级领导的重要职责。安全管理的基本含义是：劳动者必须在安全的环境中进行生产活动。安全管理是对工作环境、施工各环节采取必要的安全措施，提出一定的安全要求，及时消除人的不安全行为和物的不安全状态，以保证劳动者的健康和生命安全，保证生产的顺利进行。

一、安全生产的原则

1.“管生产必须管安全”的原则：是指工程项目各级领导和全体员工在生产工程中必须坚持在抓生产的同时抓好安全工作。它体现了安全和生产的统一，二者是一个有机的整体，不能分割更不能对立起来，应将安全寓于生产之中。

2.“安全一票否决权”的原则：是指安全生产工作是衡量工程项目管理的一项基本内容，它要求在对工程项目各项指标考核、评优创先时，首先必须考虑安全指标的完成情况。安全指标没有实现，其他指标顺利完成，仍无法实现工程项目的最优化，安全具有一票否决的权利。

3.职业安全卫生“三同时”的原则：是指一切生产性的基本建设和技术改造工程项目，必须符合国家的职业安全生产的法规和标准，职业安全卫生技术措施及设施应与主体工程同时设计、同时施工、同时投产使用，以确保工程项目投产后符合职业安全卫生要求。

4.事故处理“四不放过”的原则：国家法律法规要求，在处理事故时必须坚持和实施“四不放过”原则，即事故原因未查清不放过，事故责任和职工群众没受到教育不放过，安全隐患没有整改预防不放过，事故责任者不处理不放过。

二、安全生产要处理好的五种关系和要坚持的六项原则

（一）安全生产要处理好的五种关系

1.安全与危险的并存

安全与危险在事物的运动中是相互对立、相互依赖而存在的。因为有危险才要进行安全管理，以防止危险。安全与危险并非是等量并存、平静相处，随着事物的运动变化，安全与危险每时每刻都在变化着，进行着此消彼长的斗争。可见，在事物的运动中，都不会

存在绝对的安全和危险。危险因素客观地存在于事物运动之中，自然是可知的，也是可控的。保持生产的安全状态必须采取多种措施，以预防为主，危险因素是完全可以控制的。

2.安全与生产的统一

生产是人类社会存在和发展的基础。如果生产中人、物、环境都处于危险状态，则生产无法顺利进行。因此，安全是生产的客观要求。自然地，当生产完全停止，安全也就失去意义。生产有了安全保障，才能持续、稳定发展。生产活动中事故层出不穷，生产势必混乱，直至瘫痪。当生产与安全发生矛盾，危及职工生命或国家财产时，生产活动停下来整顿、消除危险因素以后，生产形势会变得更好。

3.安全与质量的同步

从广义上看，质量包含安全生产，安全概念也包含着质量，交互作用、互为因果。安全第一、质量第一，两个第一并不矛盾。安全第一是从保护生产因素的角度提出的，质量第一则是从关心产品成果的角度而强调的。安全为质量服务，质量需要安全保证。生产过程舍掉哪一头，都要陷于失控状态。

4.安全与速度的互促

生产的蛮干、乱干，在侥幸中求得的快，缺乏真实性与可靠性，一旦酿成不幸，非但没有速度可言，反而会延误时间。速度应以安全做保障，追求安全加速度，竭力避免安全减速度。安全与速度成正比例关系，当速度与安全发生矛盾时，暂时减缓速度，保证安全才是正确的做法。

5.安全与效益的兼顾

安全技术措施的实施，会改善劳动条件，调动职工的积极性，焕发劳动热情，带来经济效益，足以使原投入得以补偿。从这个意义上说，安全促进了效益的增长，安全与效益是一致的。在安全管理中，投入要适度，统筹安排，既要保证安全生产，又要经济合理，还要考虑力所能及。单纯为了省钱而忽视安全生产，或单纯追求安全不惜资金的盲目高标准，都是不可取的。

（二）安全生产的六项原则

1.坚持管生产同时管安全原则

安全寓于生产之中，并对生产发挥促进与保证作用。从安全生产管理的目标、目的，安全与生产表现出高度的一致和完全的统一。安全管理是生产管理的重要组成部分，安全与生产的实施过程中两者存在着密切的联系，存在着进行共同管理的基础。

管生产同时管安全，国务院《关于加强企业生产中安全工作的几项规定》中明确指出：各级领导人员在管理生产的同时，必须负责管理安全工作，企业中有关专职机构都应该在行业业务范围内，对实现安全生产的要求负责，不仅是对各级领导人员明确安全管理责任，同时，也向一切与生产有关的机构、人员，明确了业务范围内的安全管理责任。可见，一切与生产有关的机构、人员，都必须参与安全管理并在管理中承担责任。认为安全管理只是安全部门的事，是一种片面、错误的认识。各级人员安全生产责任制度的建立、管理责任的落实，体现了管生产同时管安全。

2.坚持目标管理原则

安全管理的内容是对生产的人、物、环境因素状态的管理，有效地控制人的不安全行为和物的不安全状态，消除或避免事故，达到保护劳动者的安全与健康的目的。没有明确目标的安全管理是一种盲目行为，只能劳民伤财，危险因素依然存在，而且只能纵容威胁人的安全与健康的状态，向更为严重的方向发展或转化。

3.坚持预防为主的原则

安全生产的方针是"安全第一，预防为主"。"安全第一"是从保护生产力的角度和高度，表明在生产范围内安全与生产的关系，肯定安全在生产活动中的位置和重要性。进行安全管理是对于生产的特点，对各个因素采取管理措施，有效控制不安全因素的发展与扩大，把可能发生的事故消灭在萌芽状态，以保证生产活动中人的安全与健康。

4.坚持全方位动态管理

安全管理涉及生产活动的方方面面，涉及从开工到竣工交付的全部生产过程，涉及全部的生产时间，涉及一切变化着的生产因素。因此，安全生产活动中必须坚持全员、全过程、全方位、全天候的全面动态管理。安全管理不是少数人和安全机构的事，而是一切与生产有关的人共同的事。缺乏全员的参与，安全管理不会有生气，不会出好的管理效果，生产组织者在安全管理中的作用固然重要，全员参与管理也十分重要。

5.坚持全过程控制原则

进行安全管理的目的是预防、消灭事故，防止或消除事故伤害，保护劳动者的安全与健康。在安全管理的主要内容中，虽然都是为了达到安全管理的目的，但是对生产因素状态的控制，即事前控制、事中控制、事后控制，与安全管理的目的关系更直接，显得更为突出。因此，对生产中人的不安全行为和物的不安全状态的控制，必须是动态的安全管理。事故的发生，是由于人的不安全行为运动轨迹与物的不安全状态运动轨迹的交叉。从事故发生的原理，也说明了对生产因素状态的控制，应该作为安全管理的重点。

6.坚持持续改进原则

建设工程施工安全管理是在变化着的施工生产活动中的管理，是一种动态管理，其管理就意味着是不断变化的，以适应变化的生产活动，消除新的危险因素，更重要的是不间断地摸索新规律，总结管理和控制的办法与经验，持续改进，指导新变化后的管理，从而不断提高建设工程施工安全管理水平。

三、安全生产管理的实施

（一）确定安全管理目标

路桥施工单位为了确保整体目标的实现，在全面推广工程的同时，要制定相应的安全目标责任制，建立健全一套由主要领导负责，职责分明、组织严密的管理办法和安全网络体系。同时要充分运用安全系统工程理论，对各方面因素和信息进行调查总结并通过科学定量分析，确定安全生产管理目标。

路桥施工单位的安全管理目标，要结合野外施工的性质和特点，依据安全管理总目标以人为本，确立以人身安全为主要内容，以"坚持安全第一，预防为主，综合治理"，"防重于抢"、"防患于未然"为原则，以"杜绝重伤、死伤事故、减少其他事故"为目的的安全管理具体目标。只有强化安全生产管理，才能保证职工的人身健康和生命财产安全，才能更好地发挥工人对工作的创造性和工作积极性，更好地发展生产，才能更好地维护国家利益，集体利益和个人利益。

（二）建立健全安全网络体系

要实现安全管理目标，必须建立健全一个由单位领导具体负责，责任分明，组织严密的网络体系，对安全生产进行全面管理，使目标层层分解、落实到班组、个人及每个生产环节。落实安全生产责任制，强化企业安全生产责任，健全安全生产监管体制，严格安全执法，加强安全生产设施建设。

（三）利用科学的方法对事故进行预测，遏制影响安全生产的事故

为了确保整个工程施工过程中的生产安全，利用科学的方法对工程规模、地质地貌所产生的不安全因素进行分析预测。在分析预测过程中要进行总体预测、分期预测、阶段预测、单项预测。在总体预测中，要对整个生产过程和总体规划进行预测；在分期预测中，要做出分期评价并定出可行的分期措施；在阶段预测中，要进行阶段评价，并制定出相应的阶段措施；在单项预测中，要对项目进行评价并制定出相应的具体措施。总之，对影响安全生产预测的目的，就是要落实好每一项具体措施，消除影响安全生产的隐患。

（四）对项目进行具体管理和监管

根据路桥施工过程中易发事故的种类，可分为安全措施、安全设施、机械设备、施工工艺等项目。为了确保在各项目中安全目标的实现，在整个施工过程中要有专人管理，定期进行科学、可靠性检查，并对此做出分析和科学评价，落实好各项制度和措施以达到预

期的安全效果。

（五）提高施工人员的素质

在路桥施工产值不断增高的同时，我们很清楚地认识到，大多数路桥企业的人力资源一直都难以满足施工管理特别是安全生产管理的需要，且存量与需求间的差距越来越大。可以说，路桥施工企业职工对企业的生产，贡献是巨大的，而企业潜伏的风险同样也是巨大的。安全生产管理虽在不断加强；但仍处于传统的管理状态，没有做到与时俱进，"安全责任重于泰山"往往是嘴里喊得多而实际行动少。而且，许多公司的项目部基本没有单设安全管理的部门，资源配置更显不足。有相关规章制度但没能做到及时更新，指导性和可操作性稍差，使得在技术、资金、设备上的大投入和高保障失去了意义。

路桥的施工安全管理，是一项很细致的工作，由于路桥施工线路长，交叉作业面多，设备投人量大，人员工种特别是特殊工种极多，且均为露天作业所以管理难度极大。因此，提高施工人员的素质是路桥工程施工安全生产管理的一个重要环节。只有施工人员的素质提高了，安全生产管理才能更加有效。因此，加强对施工人员素质的培养，是提高路桥施工工程安全性的重要环节。

（六）总结归纳实践经验，对易发事故进行科学定量分析

安全生产的各种制度、方法、资料、数据与经验都是对工程安全生产进行科学分析和定量评价的重要依据，根据这些依据，在安全生产系统管理中作出准确的定量分析和安全评价，制定出正确的、有效的、切实可行的安全防范措施。

四、危险源辨识与风险评估

国内学术界将风险定义为：风险就是与出现损失有关的不确定性，也就是在给定情况下和特定时间内，可能发生的结果之间的差异（或实际结果与预期结果之间的差异）。风险要具备的条件：一是风险因素的存在性；二是风险因素发生的不确定性；三是风险产生损失后果。

风险识别是指通过一定的方式，系统全面地识别出影响建设工程目标实现的风险事件，并加以适当归类的过程。风险评估，国家标准《职业健康安全管理体系》将其定义为："评估风险大小以及确定风险是否可容许的全过程。"这个过程在系统地识别建设工程风险与合理地做出风险对策之间起着重要的桥梁作用。从定量评价角度，风险评估是将建设工程风险事件的发生可能性和损失后果进行定量化的过程。风险评估的结果包括：确定各种风险事件发生的概率和可能性；确定各种风险事件的发生对建设工程目标影响的严重程度等。

风险对策决策是建设工程风险事件最佳对策组合的过程。一般来说，风险管理中所运用的对策有以下四种：风险回避、损失控制、风险自留和风险转移。这些风险对策的适用对象各不相同，需要根据风险评价的结果，对不同的风险事件选择最适宜的风险对策，从而形成风险对策组合。实施决策是对风险对策所做的决策进一步落实到具体的计划和措施。

建设工程实施过程中，一方面，要对各项风险对策的执行情况不断地进行检查，并评价各项风险对策的执行效果；另一方面，在工程实施中内外条件发生变化时，如工程变更或施工条件改变等，要确定是否需要提出不同的风险处理方案。此外，还需要检查是否有被遗漏的建设工程风险或者发现新的建设工程风险，当发现新的建设工程风险时，就要进行新的建设工程风险识别，即开始新一轮的风险管理过程。

（一）风险识别的结果

风险识别的结果是制定建设工程风险清单。在建设工程风险识别过程中，核心工作是建设工程风险的分解，识别建设工程风险因素、风险事件及后果。

（二）建设工程风险的分解

根据建设工程的特点，建设工程风险的分解可以按以下途径进行：

1.目标维度：按建设工程目标进行分解。

2.时间维度：按建设工程实施的各个阶段进行分解。

3.结构维度：按建设工程组成内存进行分解。

4.因素维度：按建设工程风险因素的分类进行分解。

5.环境维度：按建设工程与其所在环境的关系进行分解。

在风险分析过程中，有时并不仅仅是采用一种方法就能达到目的的，而需要几种方法组合。

（三）建设工程风险识别的方法

建设工程风险识别的方法有风险调查法、专家调查法、财务报表法、流程图法、初始清单法和经验数据法。其中，风险调查法是建设工程风险识别的主要方法。

1.风险调查法

风险调查通常可以从组织、技术、自然及环境、经济、合同等方面分析拟建建设工程的特点以及相应的潜在风险。

2.专家调查法

专家调查法通常包括两种形式：头脑风暴法和德尔菲法。前者是召集有关专家开会，让其各抒己见，充分发表意见；后者是问卷式调查，并且各专家不知道其他专家的意见。针对专家发表的意见，由风险管理人员进行归纳分类、整理分析。头脑风暴法的特点是：多人讨论、集思广益，可以弥补个人判断的不足，采取专家会议的方式互相启发、交换意见，使风险的识别更加细致、具体。德尔菲法的特点是：避免了集体讨论中的从众倾向，代表专家的真实意见。

3.经验数据法

经验数据法是根据已建设工程与风险有关的统计资料来识别拟建建设工程的风险。

此外，建设工程风险管理是一个系统、完整的循环过程，因此风险识别也应该在建设工程实施全过程中不断地进行，这样才能了解不断变化的条件对建设工程风险状态的影响。

对扩建工程的风险识别来说，仅仅采用一种风险识别方法是远远不够的，综合采用两种或多种风险识别方法才能取得较为满意的结果。

（四）风险评估

风险评估在系统地识别建设工程风险与合理地做出风险对策之间起着重要的桥梁作用。风险评价可以采用定性和定量两大类方法。

定性风险评估方法有专家打分法、层次分析法等，其作用在于区分不同风险的相关严重程度以及根据预先确定的可接受的风险水平做出相应的对策。定量风险评估方法有敏感度分析、盈亏平衡分析、作业条件危险性评价法、决策树、定量风险评价法和随机网络等，其作用在于可以定量地确定建设工程各种风险因素和风险事件发生的概率大小或概率分布，以及发生后对建设工程目标影响的严重程度或损失严重程度，了解和估计各种风险所造成的损失后果。

（五）风险对策

风险回避就是拒绝承担风险，通过回避建设工程风险因素，回避可能产生的潜在损失或不确定性。其特点是：回避也许是不实际或不可能的；回避失去了从中获益的可能性；回避一种风险，有可能产生新的风险。

损失控制是一种主动、积极的风险对策。损失控制可分为预防损失和减少损失两方面工作。预防损失措施的主要作用是降低或消除损失发生的概率，而减少损失措施的作用是降低损失的严重性或遏制损失的进一步发展，使损失最小化。一般地，损失控制方案包括预防损失和减少损失两方面措施。就施工阶段而言，该计划系统一般应由预防计划、灾难计划和应急计划三部分组成。

预防计划的目的在于有针对性地预防损失的发生，其主要作用是降低损失发生的概率，同时能在一定程度上降低损失的严重性。

灾难计划是为现场人员提供一组事先编制好的、目的明确的处理特种紧急事件的工作程序和具体措施，其作用是在各种严重的、恶性的紧急事件发生时，现场人员可以做到从容不迫，及时、妥善地处理紧急事件，从而减少人员伤亡及财产等损失。灾难计划是在严重风险事件发生或即将发生时实施的。

应急计划是在风险损失基本确定后的处理计划，其作用是使因严重风险事件而中断的工程实施过程尽快恢复，并减少进一步的损失，使其影响程度降到最小。应急计划包括制定所须采取的相应措施和规定不同工作部门相应的职责等。

五、应急救援预案

为了更好地适应法律和经济活动的要求，给企业员工的工作和施工场区周围居民提供更好、更安全的环境；保证各种应急反应资源处于良好的备战状态；指导应急反应行动计划有序地进行，防止因应急反应行动组织不足或现场救援工作的无序和混乱而延误事故的应急救援；有效地避免或降低人员伤亡和财产损失；帮助实现应急反应行动的快速、有序、高效；充分体现应急救援的"应急精神"，根据预测危险源、危险目标可能发生事故的类别、危害程度，而制订的事故应急救援方案，要充分考虑现有物资、人员及危险源的具体条件，能及时、有效地统筹指导事故应急救援行动。

（一）应急预案的作用

1.应急预案确定了应急救援的范围和体系，使应急管理不再无据可依、无章可循，尤其是通过培训和演练，可以使应急人员熟悉自己的任务，具备完成指定任务所需的相应能力，并可检验预案和行动程序，评估应急人员的整体协调性。

2.应急预案有利于做出及时的应急响应，降低事故后果，应急行动对时间要求十分敏感，不允许有任何拖延，应急预案预先明确了应急各方职责和响应程序，在应急资源等方面进行先期准备，可以指导应急救援迅速、高效、有序开展，将事故造成的人员伤亡、财产损失和环境破坏降到最低限度。

3.应急预案是各类突发事故的应急基础，通过编制应急预案，可以对那些事先无法预料到的突发事故起到基本的应急指导作用，成为开展应急救援的"底线"。在此基础上，可以针对特定事故类别编制专项应急预案，并有针对性地制订应急预案，进行专项应急预案准备和演习。

4.应急预案建立了与上级单位和部门应急救援体系的衔接，通过编制应急预案可以确保当发生超过本级应急能力的重大事故时，与有关应急机构的联系和协调。

5.应急预案有利于提高风险防范意识，应急预案的编制、评审、发布、宣传、演练、教育和培训，有利于各方了解面临的重大事故及其相应的应急措施，有利于促进各方提高风险防范意识和能力。

（二）应急救援预案的基本要求

1.针对性

应急预案是针对可能发生的事故，为迅速、有序地开展应急行动而预先制订的行动方案，因此，应急预案应结合危险分析的结果。

（1）针对重大危险源。重大危险源是指长期或是临时地生产、搬运、使用或贮存危险性物品，且危险物品的数据等于或超过临界量的单位。重大危险源历来都是生产经营单位监管的重点对象。

（2）针对可能发生的各类事故。在编制应急预案之初需要对生产经营单位中可能发生的各类事故进行分析和预测，在此基础上编制预案，才能保证应急预案更广范围的覆盖性。

（3）针对关键的岗位和地点。不同的生产经营单位，同一生产经营单位不同生产岗位所存在的风险大小都往往不同，特别是在危险化学品、煤矿开采、建筑等高危行业，都存在一些特殊或关键的工作岗位和地点。

（4）针对薄弱环节。生产经营单位的薄弱环节主要是指生产经营单位为应对重大事故发生而存在的应急能力缺陷或不足方面。企业在编制预案过程中，必须针对生产经营在进行重大事故应急救援过程中，人力、物力、救援装备等资源是否可以满足要求而提出弥补措施。

（5）针对重要工程。重要工程的建设和管理单位应当编制预案，这些重要工程往往关系到国计民生的大局，一旦发生事故，其造成的影响或损失往往不可估量，因此，针对这些重要工程应当编制应急预案。

2.科学性

应急救援工作是一项科学性很强的工作，编制应急预案必须以科学的态度，在全面调查研究的基础上，实行领导和专家结合的方式，开展科学分析和论证，制订出决策程序和处置方案、应急手段先进的应急反应方案，使应急预案真正地具有科学性。

3.可操作性

应急预案应具有实用性和可操作性，即发生重大事故灾害时，有关应急组织、人员可以按照应急预案的规定迅速、有序、有效地开展应急救援行动，降低事故损失。

第六章　工程建设项目进度管理

第一节　工程建设项目进度管理概述

一、进度管理的基本概念

（一）工程项目进度管理的含义

工程项目进度管理是指项目管理者围绕目标工期编制计划，付诸实施且在此过程中经常检查计划的实际执行情况，分析进度偏差原因，并在此基础上不断调整、修改计划直至工程竣工交付使用；通过对进度影响因素控制及各种关系协调，综合运用各种可行方法、措施，将项目的实际工期控制在事先确定的目标工期范围之内。在兼顾安全、成本、质量控制目标的同时，努力缩短建设工期。本章介绍的进度管理不是局限于项目施工过程进度管理，而是从项目全过程总体管理的角度，介绍项目决策阶段、准备阶段、实施阶段和收尾阶段的全过程进度管理。

（二）工程项目进度管理的程序

1.制订进度计划。

2.进度计划交底，落实责任。

3.实施进度计划，跟踪检查，对存在的问题分析原因并纠正偏差，必要时对进度计划进行调整。

4.编制进度报告，报送有关管理部门。

二、进度计划的编制

（一）进度计划的类型

工程项目进度计划通常有下列几类：

1.整个项目的总进度计划。

2.分阶段进度计划。

3.子项目进度计划和单体进度计划。

4.年（季）度计划。

各类进度计划应包括下列内容：

1.编制说明。

2.进度计划表。

3.资源需要量及供应平衡表。

（二）进度计划的编制程序

一般来讲，工程项目进度计划的编制应遵循以下程序：

1.确定进度计划的目标、性质和使用者。

2.进行工作分解。

3.收集编制依据。

4.确定工作的起止时间及节点时间。

5.处理各工作之间的搭接关系。

6.编制进度表并确定关键线路图。

7.编制进度说明书。

8.编制资源需要量及供应平衡表。

9.报有关部门批准。

（三）进度计划的表示方法

1.横道图表示法

横道图由于其形象、直观，且易于编制和理解，因而长期以来被广泛应用于建设工程进度管理中。

横道图计划的优点是较易编制、简单、明了、直观、易懂，因为有时间坐标，各项工作的施工起止时间、作业时间、工作进度、总工期，以及流水作业的情况等都表示得清楚明确，一目了然。对人力和其他资源的计算也便于据图叠加。

横道图计划的缺点主要是不能全面地反映出各工作相互之间的关系和影响，不便进行各种时间计算，不能客观地突出工作的重点（影响工期的关键工作），也不能从图中看出计划中的潜力所在，这些缺点的存在，对改进和加强工程管理工作是不利的。

2.网络图表法

网络计划则是以箭线和节点组成的网状图形来表示工程实施的进度。网络计划的优点是把实施过程中的各有关工作组成了一个有机的整体，因而能全面而明确地反映出各工作之间的相互制约和相互依赖的关系。它可以进行各种时间计算，能在工作繁多、错综复杂的计划中找出影响工程进度的关键工作，便于管理人员集中精力抓施工中的主要矛盾，确保按期竣工，避免盲目抢工。通过利用网络计划中反映出来的各工作的机动时间，可以更好地运用和调配人力与设备，节约人力、物力，达到降低成本的目的；在计划的执行过程中，当某一工作因故提前或拖后时，能从计划中预见到它对其他工作及总工期的影响程度，便于及早采取措施以充分利用有利的条件或有效地消除不利的因素。此外，它还可以利用现代化的工具——计算机，对复杂的计划进行绘图、计算、检查、调整与优化。

网络计划的缺点是从图上很难清晰地看出流水作业的情况，也难以根据一般网络图算出人力及其他资源需要量的变化情况。

网络计划技术的最大特点就在于它能够提供工程管理所需的多种信息，有利于加强工程管理，所以，网络计划技术已不仅是一种编制计划的方法，还是一种科学的工程管理方法。它有助于管理人员合理地组织生产，使他们做到心中有数，知道管理的重点应放在何处，怎样缩短工期，在哪里挖掘潜力，如何降低成本。

（四）进度计划的实施

进度计划的实施就是工程建设活动的开展，就是用工程进度计划指导项目各项建设活动的落实和完成。为了保证进度计划的实施，并且尽量按照编制的计划时间逐步进行，保证各进度目标的实现，在进度计划实施的过程中应进行如下工作：

1.跟踪计划的实施，当发现进度计划执行受到干扰时，应采取调度措施。

2.在计划图上进行实际进度记录，并跟踪记载每个实施过程的开始日期、完成日期，记录每个建设环节发生的实际情况，干扰因素的排除情况等。

3.执行工程项目合同中对进度、开工及延期开工、暂停施工、工期延误、工程竣工的承诺。

4.跟踪工程量、总产值、耗用的人工、材料和机械台班等数量的形象进度，进行统计与分析，编制统计报表。

5.落实进度控制措施应具体到执行人、目标、任务、检查方法和考核办法。

6.处理进度索赔。同时为了顺利实施进度计划，还应具体做好如下几项工作：

（1）编制月（旬）作业计划：工程项目管理规划中编制的进度计划，是按整个项目（或单位工程）编制的，带有一定的控制性，但还不能满足施工作业的要求。实际作业时是按月（旬）作业计划和施工任务书执行的，故应进行认真编制。

月（旬）作业计划除依据施工进度计划编制外，还应依据现场情况及月（旬）的具体要求编制。月（旬）作业计划以贯彻施工进度计划、明确当期任务及满足作业要求为前提，在月（旬）计划中要明确：本月（旬）应完成的任务，所需要的各种资源量，提高劳动生产效率和节约措施。

（2）签发任务书：任务书既是一份计划文件，也是一份核算文件，又是原始记录。它把实施计划下达到具体部门进行责任承包，并将计划执行与技术管理、质量管理、成本核算，原始记录、资源管理等融为一体，是计划与作业的连接纽带。

（3）做好进度记录：在市政工程项目实施过程中，如实记载每一项工作的开始日期、工作进程和结束日期，可为计划实施的检查、分析、调整、总结提供原始资料。要求跟踪记录，如实记录，并借助图表形成记录文件。

（4）做好调度工作：调度工作主要对进度控制起协调作用。协调实施中出现的各种矛盾，克服薄弱环节，实现动态平衡。调度工作的内容包括：检查作业计划执行中的问题，找出原因，并采取措施；督促供应单位按进度要求供应资源；控制施工现场临时设施的使用；按计划进行作业条件准备；传达决策人员的决策意图；发布调度令等。要求调度工作做得及时、灵活、准确、果断。

三、进度计划的检查

进度计划的检查与进度计划的执行是融会在一起的。计划检查是计划执行信息的主要来源，是进度调整和分析的依据，是进度控制的关键步骤。市政工程项目进度计划的检查工作包括以下四方面：

（一）跟踪检查实施实际进度

这是项目进度控制的关键措施。其目的是收集实际进度的有关数据。

跟踪检查的时间间隔与工程项目的类型、规模、施工条件和对进度执行要求程度有关，通常可以确定每月、半月、旬或周进行一次。若在工程项目实施过程中遇到天气、资源供应等不利因素的严重影响，检查的时间间隔可临时缩短，甚至每日都进行检查或派人驻现场督阵。检查和收集资料的方式一般采用进度报表方式或定期召开进度工作汇报会。为了保证汇报资料的准确性，进度控制人员要经常到现场查看项目的实际进度情况，从而保证经常地、定期地准确掌握项目的实际进度。

（二）整理统计检查数据

收集到的市政工程项目实际进度数据，要进行必要的整理，按计划控制的工作项目进行统计，形成与计划进度具有可比性的数据、相同的量纲和形象进度。一般可以按实物工程量、工作量和劳动消耗量以及它们的累计百分比整理和统计实际检查的数据，以便与相应的计划完成量相对比。

（三）对比实际进度与计划进度

将收集的资料整理和统计成具有与计划进度可比性的数据后，对工程项目实际进度与计划进度进行比较。通常用的比较方法有：横道图比较法、S形曲线比较法、香蕉形曲线比较法、前锋线比较法和列表比较法等。通过比较可得出实际进度与计划进度相一致、超前或拖后三种结论。

（四）进度检查结果的处理

市政工程项目进度检查的结果，按照检查报告制度的规定，形成进度控制报告，向有关主管人员和部门报告。

进度控制报告是把进度检查比较的结果、有关市政工程项目进度现状和发展趋势的分析，提供给有关主管人员和部门的书面形式的报告。

进度控制报告由计划负责人或进度管理人员与其他项目管理人员协作编写。报告时间一般与进度检查时间相协调，也可按月、旬、周等间隔时间编写上报。

进度控制报告的内容主要包括：项目实施概况、管理概况、进度概要；项目实施进度、形象进度及简要说明；材料、物资、构配件供应进度；劳务记录及预测；日历计划；业主单位和施工者的变更指令等。

四、进度计划检查的方法

项目进度比较分析与计划调整是项目进度控制的主要环节，其中项目进度比较是调整的基础。

（一）横道图比较法

横道图比较法是将在项目进展中通过观测、检查、搜集到的信息，经整理后直接用横道线并列标于原计划的横道线，进行直观比较的方法。

（二）实际进度前锋线比较法

前锋线比较法是按照项目实际进度绘制其前锋线，根据前锋线与工作箭线交点的位置判断项目实际进度与计划进度偏差，以分析判断项目相关工作的进度状况和项目整体进度状况的方法。

根据实际进度前锋线的比较分析可以判断项目进度状况对项目的影响，关键工作提前或拖后将会对项目工期产生提前或拖后影响；而非关键工作的影响，则应根据其总时差的大小加以分析判断。一般来说，非关键工作的提前不会造成项目工期的提前；非关键工作如果拖后，且拖后的量在其总时差范围之内，则不会影响总工期；但若超出总时差的范围，则会对总工期产生影响，若单独考虑该工作的影响，其超出总时差的数值，就是工期拖延量。需要注意的是，在某个检查日期，往往并不是一项工作的提前或拖后，而是多项工作均未按计划进行，这时则应考虑其相互作用。

（三）S 形曲线比较法

S 形曲线比较法是以横坐标表示进度时间，纵坐标表示累计完成任务量，而绘出一条按计划时间累计完成任务量的曲线，将项目的各检查时间完成的任务量与 S 形曲线进行实际进度与计划进度相比较的一种方法。

S 形曲线比较法同横道图一样，是在图上直观地进行工程项目实际进度与计划进度相比较。一般情况下，计划进度控制人员在计划实施前绘制 S 形曲线，在实施过程中，按规定时间将检查的实际完成情况，绘制在与计划 S 形曲线同一张图上，可以得出实际进度 S 形曲线。

（四）香蕉形曲线比较法

香蕉形曲线是两条 S 形曲线组合而成的闭合曲线。它根据网络计划中的最早和最迟两种开始和完成时间分别绘制出相应的 S 形曲线，前者称为 ES 曲线，后者称为 LS 曲线。在项目实施过程中，根据每次检查各项工作实际完成的任务量，计算出不同时间实际完成任务量的百分比，并在香蕉形曲线的平面内绘出实际进度曲线，即可进行实际进度与计划进度的比较。

（五）列表比较法

采用无时间坐标网络计划时，在计划执行过程中，记录检查时正在进行的工作名称、已耗费的时间及尚需要的时间，然后列表计算有关参数，根据计划时间参数判断实际进度与计划进度之间的偏差，这种方法就称为列表比较法。

第二节　项目决策阶段进度管理

一、决策阶段影响项目进度的主要因素

（一）决策速度对项目进展的影响

市政工程项目通常是由财政筹资建设的公益性项目，决策过程涉及众多的社会因素。因此，在决策阶段，应对项目建设的必要性和可行性进行充分的论证，尤其是对建设方案

应进行充分的利弊分析与优化比选，以便于最快做出科学的决策。

（二）前期各项审批的合理衔接对项目进展的影响

项目决策阶段的审批通常包括项目建议书、方案和选址、环境影响评价、水土保持论证、防洪论证、海洋环境影响评价、海域使用论证、用地预审办理和立项审批等审批流程。某些环节的审批如方案、环境影响评价、用地预审等审批又是立项审批的必要条件，因此，在策划某一阶段的审批时应充分考虑该阶段审批需要完成的前置审批条件，各审批环节间应紧密衔接。统筹安排能并行审批的各流程，互不影响的审批环节同步审批，节约整个决策阶段的审批时间。

（三）用地性质对项目进展的影响

按照国家及省、市有关规定，不同性质的土地，其审批部门、程序及审批所需时间不尽相同，因此，对项目的进度将有不同的影响。

二、决策阶段进度管理的主要原则

（一）确定合理工期的原则

决策层应根据项目的具体情况，考虑可能影响工期的各种因素，提出科学合理的工期目标。因为能否在决策阶段要求的工期目标内完成项目往往会影响项目的生成，同时在方案比选时应根据工期目标选择可行的方案。

（二）各项审批流程间紧密衔接、平行开展的原则

在策划某一阶段的审批时应充分考虑该阶段审批需要完成的前置审批条件、各审批环节间紧密衔接，统筹安排能并行审批的各流程，互不影响的审批环节同步审批，节约整个决策阶段的审批时间。

（三）预判性原则

应充分考虑如用地性质等可能对本阶段审批速度产生较大影响的因素，同时考虑征地拆迁、管线迁改等对项目实施阶段进度产生重要影响的因素，在方案决策阶段就应尽可能地规避各种不利因素，做好突破难点的方案和措施。

（四）严格控制设计质量原则

决策阶段方案设计的质量对项目实施的可行性具有决定性因素，方案设计阶段应组织公司技术骨干、必要时邀请相关专家对方案进行评审，避免因决策完成后对方案进行调整而导致投资增加、工期延误或重新审批等现象。

（五）提前沟通介入原则

不同手续的审批所涉及的行政部门各不相同，审批职能部门根据自身的职权范围所考虑的因素各不相同，各职能部门的审批意见可能存在相互冲突现象，因此，作为项目建设的业主单位应尽可能提前与审批部门沟通，充分考虑各审批部门的意见，避免因项目工程内容、方案等与审批部门相悖而造成返工或项目不可行。

三、决策阶段进度管理的主要措施

决策阶段的进度管理主要是指对项目立项至项目批复为止的所有前期工作所进行的进度控制，以及决策对项目后续工作进度影响的控制。其主要通过合理节约各项前期手续时间，预判、规避可能影响工期的各项因素来最终实现项目预定的进度目标。

（一）合理节约各项前期审批手续办理的时间

1.项目建议书

项目建议书是市政工程项目决策的开始，是开展前期准备工作的依据，一般情况下从项目建议书编制到正式批复需要20～30天。如果项目特别紧急可以由市委、市政府研究决定后直接批复开展前期工作函来替代项目建议书，如果采用开展前期工作函的形式，可以将本阶段工作周期压缩至5个工作日内。同时，带投资批复的项目建议书可作为项目报建和设计招标的依据。

2.方案报批和选址

项目建议书批复后标志着项目正式进入前期工作阶段，建议书批复后要求设计单位及时编制方案设计文件，方案确定后应及时要求设计单位根据项目方案完成项目选址范围的界定，方案设计周期由项目的规模、复杂程度等因素决定，简单项目可在一周内完成，复杂项目方案编制、论证、优化过程可能需要几个月。项目方案设计过程中或初步设计成果提交后，建设单位应及时与发改、规划和国土部门进行沟通汇报，确保项目投资规模、建设方案与政府决策、城市规划相一致；了解项目选址用地的性质，摸清项目选址范围内城市规划用地、农用地、林地、用海等可能影响今后用地红线办理的主要因素；方案设计过程中应召集测量、设计单位对项目沿线进行踏勘，对项目沿线的建筑、文物、古木、庙宇、水系及管线进行详细调研，根据调查结果与规划部门进行沟通协调，尽可能避开以上可能影响项目进展的各主要因素；方案设计成果提交后组织公司核心技术人员对设计方案进行评审，对设计方案的可行性、安全性、经济合理性进行全面的分析研究，避免方案批复后进行重大调整或出现投资规模突破等不利情况出现。完成以上工作后及时向规划部门申报方案、选址审批，一般情况规划部门在7个工作日内可完成方案、选址审批，同时要求设计单位对设计方案、投资估算进行优化、细化，做好工程可行性研究报告编制的准备工作。

3.环境影响评价

方案批复后业主应及时委托环境影响评价单位编制环境影响评价报告书或环境影响评价报告表，环境影响评价编制因涉及环境监测、环境影响评价公示等程序，一般项目环境影响评价编制需要20～30个工作日，对环境影响较大的项目编制时间需要约50个工作日甚至更长时间，环境影响评价编制完成后报环保局审批。

4.水土保持论证、防洪论证

一般情况下项目土方工程量超过5万立方米的项目需要进行水土保持论证及审批，水土保持论证编制、报批需要约1个月时间；同时如项目涉及防洪排涝问题应委托具备相关资质的单位编制防洪论证，编制完成后及时报水利局审批。

5.海洋环境影响评价、海域使用论证审批

方案批复后，如项目牵涉用海需要及时委托具备相关资质的单位编制海洋环境影响评价、海域使用论证报告，一般项目海洋环境影响评价、海域使用论证编制周期需要约1个月，如涉及海洋生物保护区等问题还需要专项观测，则编制过程需要更长时间，正常项目报市一级海洋渔业局审批，但吹填造地等用海面积较大的项目须上报省海洋渔业厅或国家海洋局审批。

6.用地预审办理

规划部门选址批复后应及时委托自然资源部相关部门对项目用地性质进行勘界定界并出具项目勘界定界报告，根据勘界定界报告内容向国土部门申请用地预审批复。

7.立项报批

完成方案、选址、环境影响评价、水土保持论证、防洪论证、海洋环境影响评价、海域使用论证、用地预审等立项必备条件审批后应及时向发展与改革委员会申请立项审批，方案批复后应及时要求设计单位开始编制工程可行性研究报告、投资估算，编制过程与各项前置条件审批同步进行，工程可行性研究报告编制在各前置条件审批完成前基本可以完成出版，争取与立项前置审批同步完成工可编。由于工程可行性研究报告批复后项目建设内容、投资规模已基本确定，因此，设计单位提交工程可行性研究报告的初步设计成果后，建设单位应组织公司核心技术人员、造价人员对项目的可行性、安全性、经济合理性、投资估算的编制等进行全面审核，避免项目方案出现重大变更或估算错漏等问题。工程可行性研究报告文件报送发展与改革委员会后，由发展与改革委员会委托评审、咨询机构对工程可行性研究报告进行评审，同时对项目投资估算进行审核。

（二）预判、规避可能影响工期的各项因素

1.规避项目用地性质对项目进展的影响

正常情况下用地性质主要分为城市建设用地、农用地、基本农田、林地和海域等几种性质用地，前期方案选址线位应尽可能选址在城市建设用地范围内，如果项目选址全部为城市建设用地则可以向市国土部门直接办理用地红线，节约办理农转用的较长周期，国土部门红线批复一般可在15个工作日内完成；如果项目建设占用林地，需要先向林业厅办理林地使用审批，林地工可编制及审批过程一般需要约2个月时间，完成林地审批后方可向国土部门申请农转用审批，国土部门农转用审批也需要2～3个月时间。因此，全部为城市建设用地的项目与用地性质为林地、农用地项目相比，取得用地红线可节约4个月时间。

2.规避征地拆迁对项目进展的影响

征地拆迁尤其是拆迁工作往往是决定项目能否如期完工的最重要因素，且其对项目的影响周期难以预测，城市建设开发过程中的断头路、烂尾工程通常都是受征地拆迁影响而形成的。因此，在项目决策阶段的方案、工程可行性研究报告评审过程中应充分考虑征地拆迁因素，尽可能避开大量拆迁。

3.规避文物、庙宇、宗祠及古木等因素对项目进展的影响

文物和古木往往受文物保护部门相关规定保护，庙宇和宗祠是城市化改造过程中经常遇到的难题，其拆迁工作会涉及村民信仰、观念上的抵触，涉及的对象往往是整个村庄，拆迁工作难度比一般项目更大。因此，项目线位选址时应尽可能避开文物、庙宇、宗祠及古木等对项目进度可能造成重大影响的因素。

4.预判管线迁改对项目进度的影响

随着城市规模的不断发展，早期的建设项目在规模、标准等方面将无法满足城市发展的需要，市政工程改造在所难免。市政项目尤其是改造项目往往牵涉到大量的管线迁改，因此，在项目决策阶段应及时召集各家管线权属单位进行研究协调，同时要求测量、设计单位对项目现场进行充分踏勘、调查，尽可能选择市政管线迁改较小的方案。

5.充分考虑项目实施过程中可能的工程费用、措施费增加对进度的影响

市政工程项目通常由财政投资建设，项目概算经发展改革委审批后投资规模已基本确定，如果出现工程费用、措施费增加时，需要向发展改革委申请增加投资。此项工作难度大、时间长，往往会对项目的进度造成较大影响，因此，市政工程的估算与概算的编制应充分考虑各种不利因素对工程造价的影响。

第三节　项目准备阶段进度管理

一、准备阶段影响项目进度的主要因素

（一）具备开工条件的各项审批因素

本阶段核心审批内容主要为用地、概算和建设工程规划许可证，建设单位应协调设计单位提前汇报、及时沟通，避免由于沟通不及时而影响审批进度。

（二）招标因素

由于相关的法律、法规对招标公告周期都有严格的规定，同时招标主管部门需要对招标文件设置的条款进行审核、监督，因此，招标文件编制完成后应及时与招标主管部门沟通，合理利用审批过程提前发布招标公告，节省公告规定周期的时间。

（三）前期参建单位实力因素

建设单位、勘测单位、设计单位等前期参建单位的实力对本阶段项目进度也将会产生较大影响，尤其是设计单位的实力对本阶段的实施进度起着决定性的作用，优秀的设计单位可以在缩短本阶段的工作周期的同时保证设计成果的质量，为实施阶段的进度奠定良好的基础。

（四）管线迁改的因素

随着城市的不断发展，对现有市政工程进行改造已在所难免，而这一切往往牵涉到大量的管线迁改。管线迁改又需要一定的时间，因此，它对项目的建设进度有一定的影响。在项目方案、初步设计阶段应要求勘察、设计单位对项目相关的地下管线进行详细的勘察，合理分配各种管线的地下空间资源。设计好初步迁改方案后应召集各管线单位召开协调会议，听取各管线单位的意见，由主体设计单位对管线综合设计进行修改、优化后提交各管线单位进行专业施工图设计。

二、准备阶段进度控制的主要原则

（一）严把招标资格审查的原则

立项批复后可进行设计和勘察招标，概算批复后进行监理招标及施工招标。招标过程

中应根据项目的难点、特点设置相应的资质或业绩要求，确保中标参建单位的实力，尤其是设计单位和施工单位的实力对工程项目的进度、质量起着决定性的影响。招标文件编写过程中应分别针对设计、施工单位的工期和质量设置相应的奖罚条款，鼓励、督促各参建单位按招标工期完成相应工作。

（二）严把勘测设计质量原则

投资估算审批后项目的规模、内容原则上已完全确定，地质勘探资料是否准确，初步设计的质量对工程投资的影响至关重要，因此，该阶段应组织对地勘现场及成果进行验收，同时组织技术人员、专家对初步设计进行评审，在正式报批概算前对设计单位编制的概算进行全面审核，避免由于漏项导致今后实施过程中可能发生的概算调整。

（三）提前介入原则

设计招标过程正常情况下需要约45天，而设计单位的尽早确定对本阶段的推进起着决定性的作用，因此，在立项审批过程中应提前准备设计招标文件、项目报建等设计招标的必要前置条件，实现立项批复与勘测设计招标无缝对接；初步设计编制过程中同步要求测量单位对沿线地形地物进行勘测，勘察单位及时进场开展详勘工作，尽量争取在施工图设计前完成地勘成果审查，为施工图设计、审查做好充分准备；概算批复过程中要求设计单位先行开展施工图设计，确保概算批复后根据批复的规模、投资进行适当调整后即可完成施工图设计；利用施工图审查、建设工程规划许可办理时间提前介入发布施工招标公告，确保手续完成后及时开标。

（四）并行开展原则

准备阶段根据审批单位和参建单位大致可分为手续审批和成果产生两条线路：其中手续审批的核心内容为概算批复、用地和建设工程规划许可证办理等；参建单位核心工作内容为地质勘探、初步设计、概算及施工图设计等，这两条工作线路应并行开展。

（五）施工图限额设计原则

概算批复后要求设计单位根据概算批复情况进行施工图设计，在初步设计的基础上进行合理的优化，确保工程投资在概算批复范围内，避免因概算调整等因素导致工期拖延。

（六）把好工程量清单编制原则

工程量清单编制完成后应组织项目经理、项目总工、造价负责人员进行审核，全面考虑施工过程中的各种因素及相应措施费用，达到合理控制工程投资的目的，同时考虑施工单位合理的利润空间，确保项目总体投资在概算控制范围内，尽量减少实施阶段的变更、签证。

（七）及时沟通原则

项目审批过程中经常涉及需要分管领导明确或各审批部门意见不一致的问题，建设单位应及时向上级主管部门、分管领导汇报，及时协调解决。

三、准备阶段进度管理的主要措施

项目准备阶段进度管理是指项目决策完成后至项目现场开工建设前这一阶段的进度管理，该阶段的主要工作内容包括：设计、测量、地勘单位招标，用地规划许可证办理，林地使用报批，矿产压覆、地质灾害评估办理，农转用及用地红线办理，地质勘察，初步设计及审查，概算报批，施工图设计及施工图审查，建设工程规划许可证办理、征地拆迁预公告等工作内容。该阶段进度管理的主要措施分为各项手续审批和各参建单位工作进度管理两大部分，具体如下：

（一）各项审批手续办理进度管理

1.用地规划许可证办理

立项批复后即可根据已批复的选址、用地预审材料向规划部门申请办理用地规划许可证（蓝线），用地规划许可证的办理是项目办理用地红线的依据，同时可根据蓝线由征地拆迁部门发布征地预公告，提前介入征地前期准备工作，争取项目完成招标的同时能提供施工场地。

2.林地使用报批

项目工程可行性研究报告上报后，应提前委托具备资质的单位，利用立项批复的时间编制林地工程可行性研究报告，立项批复后即可向省林业厅申请林地使用报批，林地使用批复是办理农转用的必要条件，林地批复的时间较长，如不及时办理将耽搁用地红线办理的时间，最终影响项目按计划的时间节点开工。

3.农转用及红线办理

林地使用审批及前期的海洋使用论证、用地预审、用地蓝线是作为农转用审批的必要条件，利用林地、用海审批过程的时间，建设单位应准备被征用单位盖章、矿产压覆、地质灾害评估等申报农转用的相关材料，林地审批完成后及时配合市自然资源局将农转用所需材料上报省自然资源厅正式进入农转用流程，正常审批需要约2个月时间，农转用完成后即可向市级国土管理部门申请红线办理，至此项目用地手续已全部办理完成。

4.建设工程规划许可证办理

项目完成施工图审查、各管线施工图设计、用地红线办理后应及时向规划局申请办理建设工程规划许可证，建设工程规划许可证是项目进入正式开工阶段的必要条件，是中标手续、开工手续和质量监督手续办理的依据。因此，在发布施工招标公告前应及时办理建设工程规划许可证。

5.施工许可证办理

根据《中华人民共和国建筑法》第七条、第八条的规定，项目开工前须向建设行政主管部门申请办理施工许可证。业主单位在完成监理招标和施工招标后，应整理用地红线、建设工程规划许可证、中标通知书、施工图审查合格书和报备的施工合同等已完成批复文件相关材料，在项目正式开工前向建设主管部门申请办理施工许可证，至此项目所有前期手续已全部办理完成。

（二）各参建单位工作进度管理

1.勘测设计招标工作

项目工程批复后应及时开展设计招标准备工作、尽早确定设计单位，工程可行性研究报告资料上报发展改革委后，建设单位应利用工程可行性研究报告审批时间（约15个工作日）编写设计招标文件，招标文件的编写应针对设计单位所提供设计成果的质量、时间设置相应的奖罚条款，确保设计单位按时提交高质量的设计成果。项目立项批复后及时发布招标公告，设计招标过程通常需要40～50天。为便于项目设计质量的总体控制，建议采用设计、测量、勘察总承包的模式进行招标，既可以减少分开招标所造成的时间浪费，同时中标单位对设计、测量、地勘负总责任，避免设计成果质量出现问题时各单位间互相推诿。

另外，设计单位的尽早确定对项目准备阶段的进度控制起着决定性的作用，项目建议书批复后应立即开展设计、测量、地勘单位招标准备工作，在项目立项报批前完成设计招标，在项目工程审批过程中，中标设计单位可及时介入了解项目情况，开展本阶段的初步设计准备工作，工可批复后及时启动初步设计编制工作。

2.初步设计及概算编制工作

提前委托地勘单位进场开展初步勘察工作，为工可、初步设计、概算的编制提供可靠的依据；工可批复过程设计单位应及时介入了解项目情况、收集相关资料并开展初步设计准备工作，初步设计完成后业主单位应组织公司内部专业技术人员，对初步设计的合理性、现场可操作性、经济可控性进行全面评审，根据工可批复的投资规模和工程内容，审核设计单位所编制投资概算的合理性，充分预判工程实施过程中可能增加费用的风险，适当留有余地，设计单位根据评审的结果重新调整、优化初步设计文件和概算编制。

3.初步设计评审及概算报批

初步设计文件调整、优化完成后，业主单位应及时向建设行业主管部门申报初步设计评审，由行业主管部门组织专家进行技术论证，设计单位根据专家、职能部门审查意见再次修改、优化初步设计文件和调整概算编制；初步设计编制及技术论证、优化工作通常可在工可批复后较短时间内完成，再次修改、优化初步设计文件和调整概算完成后可正式向发展改革委申请概算批复。

4.施工图设计及审查

概算上报发展改革委后，设计单位应同时开展施工图设计，一般市政道路工程项目可在概算批复后15～30天完成施工图设计，规模较大或技术特别复杂的项目施工图设计需要2个月甚至更长时间；施工图设计完成后应及时整理计划书等相关资料并报送施工图审查，审查周期约需要15个工作日。

5.监理招标

概算批复后可根据概算投资规模进行监理招标，正常情况下，在施工图审查完成的同时可完成监理招标。

6.施工招标文件、清单编制

在施工图审查的同时，业主单位应同步开展招标文件编写工作，同时委托招标代理单位编制工程量清单，在施工图审查完成前招标文件、清单编制工作也可基本完成；根据编制的清单向财政审核中心申报招标控制价审核，审核工作周期为5天。应根据项目工期紧迫情况，在招标文件中对施工工期控制设置合理、合法的奖罚条款，对工期违约索赔做出明确规定。

7.施工招标、定标、开工手续办理

施工招标文件编制完成后，应及时发布招标公告并组织施工招标，开标后建设单位应督促中标施工单位配合业主及时办理中标通知书、开工备案等手续，要求施工单位及时完成低价风险金、履约保函、预付款保函等开工前的各项手续办理。

8.技术交底

确定施工单位后建设单位应及时组织设计、监理、施工、地勘、测量、质量监督机构等进行技术交底，对施工过程的难点、风险、注意细节进行全面交底；组织测量单位进行测量控制点移交、放样；要求施工单位根据项目现场实际情况及合同工期，编制出合理、详细、可控的进度计划，明确各主要控制工序的完成节点时间。

第四节　项目实施阶段进度管理

一、实施阶段影响项目进度的主要因素

市政工程项目具有涉及面广、工程结构与工艺技术相对复杂、建设周期长及参建单位多等特点，决定了工程项目实施阶段的进度将受到许多因素的影响，要想有效地控制工程进度，就必须对影响进度的有利因素和不利因素进行全面、细致的分析和预测。一般来讲，实施阶段影响市政工程项目进度的主要因素如下：

（一）勘察设计因素

设计是工程的灵魂，如果设计存在缺陷或错误，设计方案不切合现场情况，设计图纸供应不及时、不配套或出现重大差错等，均会对实施阶段的进度造成重大影响，严重的甚至会造成返工或停工；如勘察资料不准确，特别是地质资料错误或遗漏而引起的未能预料的技术障碍，导致工程量、投资增加。

（二）自然环境因素

具体是指如恶劣天气、地震、暴雨、洪水、不良地质、地下障碍物的影响等。

（三）社会环境因素

项目能否顺利实施与项目所处的人文、社会因素息息相关。如项目所在地的村镇等基层单位对项目征地拆迁工作的推进起着关键性的作用；当地的民风、民俗和宗教信仰等也对项目的进度起着至关重要的影响，一些科学、合法的事情当与民俗和宗教信仰等出现矛盾时经常会受到当地村民的强烈抵触，民风比较强悍的地区，经常会提出工程分包、地材强买强卖等不合法要求。

（四）承包商因素

如果承包商错误地估计了项目特点及项目实现的施工条件，制订的计划脱离实际，将导致工程无法正常进行，出现工程延误；承包商采用技术措施不当，施工中发生技术事故；承包商管理过程中出现失误，例如施工组织不合理，劳动力和施工机械投入不足、调配不当，施工平面图布置不合理等因素使工程进度受阻；承包商缺乏基本的风险意识，盲目施工而导致施工被迫中断；承包商信誉等级较差，出现窝工、转包、分包和以包代管等不良甚至是违法行为等。

（五）业主因素

具体是指如业主使用要求的改变，由业主负责提供的材料、设备出现延误，业主没有按合同约定及时向施工单位或供应商拨付资金等。

（六）组织管理因素

具体指如各种申请审批手续的延误；计划安排不周密，导致窝工、停工；指挥协调不当，导致各方配合出现矛盾，延误工期等。

（七）材料设备因素

它包括材料、构配件、机具、设备供应环节的差错，品种、规格、质量、数量、时间不能满足工程的需要等。

（八）资金因素

具体指如业主资金短缺或不能及时到位，施工单位资金挪作他用、拖欠材料款和民工工资等。

（九）征地拆迁因素

由于市政项目通常为线性工程，征地拆迁涉及的单位众多，用地及需要拆迁的各种建筑物性质及权属复杂，因此，征地拆迁是影响实施阶段进度的最重要因素，征地拆迁不到位常导致工程项目停工几个月甚至几年，严重的可能导致项目无法按规划、设计实施。

二、实施阶段进度管理的原则

（一）网络计划技术原则

网络计划技术不仅可以用于编制进度计划，而且可以用于计划的优化、管理和控制。网络计划技术是一种科学且有效的进度管理方法，是项目进度控制，特别是复杂项目进度控制的完整计划管理和分析计算的理论基础。

（二）动态控制原则

进度按计划进行时，实际符合计划，计划的实现就有保证，否则产生偏差，此时应采取措施，尽量使项目按调整后的计划继续进行。但在新的因素干扰下，又有可能产生新的偏差，须继续控制进度、调整计划，进度管理就是采用这种动态循环的控制方法。

（三）系统性原则

为实现项目的进度管理目标，首先应编制项目的各种计划，包括进度、资源和资金计划等。计划的对象由大到小，计划的内容从粗到细，形成了项目的计划系统。项目涉及各个相关主体、各类不同人员，需要建立组织体系，形成一个完整的项目实施组织系统。为了保证项目进度，自上而下都应设有专门的职能部门或人员负责项目的检查、统计、分析及调整等工作。当然，不同的人员负有不同的进度控制责任，分工协作，形成一个纵横相连的项目进度控制系统。所以无论是控制对象，还是控制主体，无论是进度计划，还是控制活动，都是一个完整的系统。进度控制实际上就是用系统的理论和方法解决系统问题。

（四）封闭循环原则

项目进度管理的全过程是一种循环性的例行活动，其中包括编制计划、实施计划、检查、比较与分析、确定调整措施和修改计划，从而形成了一个封闭的循环系统，进度控制过程就是这种封闭循环中不断运行的过程。

（五）信息畅通原则

信息是项目进度管理的依据，项目的进度计划信息从上到下传递到项目实施相关人员，以使计划得以贯彻落实；项目的实际进度信息则自下而上反馈到各有关部门和人员，以供分析并做出决策和调整，使进度计划仍能符合预定工期目标。为此，需要建立信息系统，以便不断地传递和反馈信息，所以项目进度管理的过程也是一个信息传递和反馈的过程。

（六）弹性原则

项目一般工期长且影响因素多，这就要求计划编制人员能根据统计经验估计各种因素的影响程度和出现的可能性，并在确定进度目标时分析目标的风险，从而使进度计划留有余地。在控制项目进度时，可以利用这些弹性缩短工作的持续时间，或改变工作之间的搭接关系，以使项目最终能实现工期目标。

三、实施阶段进度管理的主要措施

实施阶段项目进度管理的措施主要包括组织措施、技术措施、合同措施、经济措施和信息管理措施。

（一）组织措施

进度管理的组织措施主要包括：

1.建立进度控制目标体系，明确组织机构中进度控制人员及其职责分工。

2.建立进度计划审核制度和进度计划实施中的检查分析制度，如某项目在工程开工之初，有两家施工单位因进场机械、资源等不满足工程施工需要，经检查分析后，及时采取了切分施工任务的组织措施，其中一家施工单位被切分了5联桥梁工程，另一家施工单位被切分了3联桥梁工程，被切分部分工程由有保障的施工单位实施，最终保证了工程的顺利进行。

3.建立进度报告制度及信息沟通网络。

4.建立进度协调会议制度。

5.建立图纸审查、工程变更和设计变更管理制度。

（二）技术措施

进度管理的技术措施主要包括：

1.审查承包商提交的进度计划：

（1）尽量采取先进的施工方案、施工工艺、施工方法，如钻孔桩施工采用泥浆分离器，有效提高了出渣速度，加快了钻孔进度；部分箱梁采用预制架设工艺，有效提高了箱梁施工速度。

（2）优化施工组织设计，采取平行施工组织。如现浇预应力箱梁支架一次性投入，充分提高了箱梁现浇速度。

2.编制指导监理人员实施进度控制的工作细则。

3.采用网络计划技术，对工程进度实施动态控制。

（三）合同措施

进度管理的合同措施主要包括：

1.推行CM承发包模式，缩短工程建设周期（CM是项目实施阶段的一种管理模式，CM经理提供专业的咨询管理服务，协助指挥施工活动，在一定程度上影响设计活动。

2.加强合同管理，协调合同工期与进度计划之间的关系，确保进度目标的实现。

3.严格控制合同变更。

4.加强风险管理，在合同中应充分考虑风险因素及其对进度的影响。

（四）经济措施

进度管理的经济措施主要包括：

1.及时办理工程预付款及进度款支付手续。

2.约定奖惩措施，如提前工期竣工奖励、完成计划奖励、计划拖后的处罚等。

3.加强索赔管理，公正处理索赔。

（五）信息管理措施

进度管理的信息措施主要包括：建立进度信息收集和报告制度，通过计划进度与实际进度的动态比较，为决策者提供进度决策依据。如对工程进度进行动态跟踪，及时向业主提供进度分析报告，向承包人的上级主管机关通报，促使承包人及时采取措施。现场各级监理人员应积极配合承包人的施工活动，及时审查承包人的各种报告文件和报表，对已完工序或工程的检查验收。业主应按合同要求及时提供施工场地和图纸，积极与外界协调，尽可能改善施工环境，为工程施工创造良好的外部环境；监理工程师和业主应做好各承包人之间的施工配合协调等信息管理工作。

第五节　项目收尾阶段进度管理

一、收尾阶段影响项目进度的主要因素

（一）验收移交因素

由于项目建设单位、施工单位与项目接收管理单位所处的立场不同，建设单位主要考虑工程项目是否按照立项批复内容、设计图纸内容完成到位及工程项目的质量。而接收单位则主要考虑项目的性能、管理是否实用，因此，移交过程往往与建设单位会有不同的要求，如果沟通不及时，会影响项目验收移交进度。

（二）档案归档备案因素

各参建单位对档案归档的重视程度往往不如对现场实际建设重视，因此，经常出现现场已具备竣工验收条件，但工程档案、内业资料没有达到城建档案馆或档案局的相关要求，影响项目总体竣工、结算。尤其是省级重点工程项目，其档案要经档案局验收后才能完成归档。

（三）各附属子项目验收结算因素

一个工程项目的合同包含前期的设计、环评、地勘及后期管线迁改、试验检测等一系列合同，通常一个项目从开工至结算往往需要签订几十个合同，复杂项目合同数量甚至上百个，主项如设计、监理、施工等主要合同结算往往比较及时，而一些如管线迁改设计、监理等合同金额小的子项容易被忽略，导致项目无法竣工、决算。

二、收尾阶段进度管理的原则

（一）管养单位提前介入原则

由于项目中的主体工程和路灯、绿化、市政管线等往往由不同的管养单位接收，而各接管单位对各自接收的项目会有行业特点的一些要求，因此，设计、施工过程中尽可能邀请接收单位提前介入，根据各自行业的特点和使用需求提出建议，施工过程中适时进行分项阶段验收，避免项目完工后进行功能性的整改。

（二）内业资料同步完成原则

由于参加单位对内业资料的重视程度不够，容易出现工程完工后到处补签、拼凑内业资料现象，但有些施工过程的内业资料事后很难补齐，导致档案缺失或不完整，达不到档案验收部门的要求。因此，项目各实施阶段都必须重视资料的整理、管理工作，制定相应的档案管理办法，定期进行内业资料检查、验收。

（三）先验收内业资料后验收现场原则

由于认识上的偏差，对档案重视程度不够等，参建单位往往认为现场达到验收要求后项目就可以竣工验收。因此，建设单位应主导、坚持先验收内业资料后现场验收原则。

（四）分项合同及时结算原则

管线迁改等子项往往在工程主体施工前或施工过程已完成工程量，具备结算送审条件，因此，应坚持完成一项结算一项的原则。以往项目经常出现主体工程已结算，但项目总体决算时发现一些小的子项未结算现象。

（五）重视规划、环保、消防等专项验收工作原则

竣工备案是项目完成施工的重要标志，而只有在完成规划、环保、消防等专项验收后才能向建设主管部门办理项目竣工备案，因此，在项目收尾阶段应重视各分项专项验收。

另外，如项目前期立项时有办理水土保持审批，在竣工收尾阶段应办理水土保持的专项验收。

三、收尾阶段进度管理的主要措施

（一）收尾阶段进度管理的组织措施

建立由建设单位项目经理负总责，施工单位项目经理、总监对项目结算负责制，及时跟踪各分项验收移交、结算。

（二）收尾阶段进度管理的合同措施

工程进度款的支付程度是管理、督查相关单位竣工、结算的最有效因素，各分项内容招标时应针对内业资料归档、备案设置相应的条款，项目合同签订时严格按照招标文件内容执行。

（三）收尾阶段进度管理的经济措施

进度款支付坚持先严后松原则，同时将内业档案资料的验收情况纳入支付进度款的依据，严格控制施工过程进度款的比例，明确规定内业资料归档在工程尾款支付中的比例，通过资金的控制，督促、鼓励施工单位尽快完成内业资料归档及竣工验收、结算。

四、收尾阶段进度管理总结的编写

建设单位应在工程进度计划完成后，及时进行总结，为进度控制提供反馈信息。

（一）总结依据的资料

1.进度计划。
2.进度计划执行的实际记录。
3.进度计划检查结果。
4.进度计划的调整资料。

（二）进度控制总结包括的内容

1.合同工期目标及计划工期目标完成情况。
2.进度控制经验。
3.进度控制中存在的问题及分析。
4.科学的进度计划方法的应用情况。
5.进度控制的改进意见。

第七章　工程建设项目风险管理

第一节　工程建设项目风险管理概述

一、风险的含义

俗话说"天有不测之风云，人有旦夕之祸福""祸兮福之所倚，福兮祸之所伏"。可见人类在从事生产活动的实践中始终伴随着风险。风险是对人们生命、健康、财产、生产活动、生存环境和生活质量等都会产生负面效应的威胁。

一般来讲，风险一词有两方面的含义：一方面是风险的发生意味着将产生不利结果，此不利结果泛指人们不希望发生的、不利于甚至阻碍人们实现预定目标，例如产生的危害、造成的损失等；另一方面是风险不利结果的大小及出现的可能性是一种不确定性的随机现象。简言之，风险受到风险事件概率和风险损失大小的共同影响和作用。构成风险的三大基本要素为：风险因素、风险事件和损失。

（一）风险因素

风险因素可理解为引起或增加风险事件的机会或扩大损失幅度的原因与条件。它是风险事件发生的潜在原因，是造成风险损失的根源。风险因素根据性质的不同，可分为实质性风险因素、道德风险因素和心理风险因素。实质性风险因素是指能直接引起或增加损失发生机会或损失严重程度的因素，如环境污染就是影响人体健康的实质性因素；道德风险因素是指由于人的品德、素质不良，促使风险事件发生的因素，如诈骗、偷工减料等行为；风险因素是指由于人主观上的疏忽或过失而导致风险事件发生的因素，如遗忘、侥幸导致损失的发生等。

（二）风险事件

风险事件是指由一种或几种风险因素共同作用而发生的任何直接或间接造成生命、财产损失的偶发事件，是造成损失和危害的直接原因。风险事件的发生意味着风险因素由发生的可能性转化成了现实的必然性，风险事件是使风险造成损失的可能性转化为现实性的桥梁。

（三）损失

项目风险一旦发生将对项目目标的实现产生不利的影响。风险损失通常以货币单位来衡量，具体可表述为非故意的、非计划的和非预期的直接或间接的人身损害及物质财产、经济价值的减少或灭失。

风险损失的不同类型包括：因经济因素，赶工程进度，处理安全、质量事故等而增加的费用，经济因素主要是市场价格、汇率、利率等的波动及工程项目建设资金筹措不当等；赶工程进度涉及资金的时间价值和赶工的额外支出两方面，额外支出主要是因建筑材料供应强度增加、工人加班增加的费用及机械使用费用和管理费用等的增加；安全、质量事故导致的经济损失包括直接经济损失，返工、修复、补救等过程发生的费用，伤亡人员的医疗和丧葬补偿费用，材料设备等的损失，工期拖延造成的损失，工程永久性缺陷对使用功能造成的损失，以及第三者的责任损失等。

二、风险的特征

风险是普遍存在的现象，它具有客观性、普遍性、随机性、规律性、潜在性、可变性、阶段性、相对性等特征。

（一）客观性和普遍性

人类赖以生存的自然界，既受其内在规律的作用，也会受外部力量的影响制约，在其运动发展的过程中往往呈现出不规则变化的趋势，因而决定了风险因素的普遍大量存在。风险是不以人的意志为转移并超越主观意识的客观存在，风险存在于客观事物发展变化的整个过程中。虽然人类一直希望完全地认识和控制风险，但也只能在有限的时间和空间内改变风险存在和发生的条件，降低其发生的可能性，减少损失程度，却不能也不可能完全地消除风险。

（二）随机性和规律性

风险的发生及其后果具有随机性，任一具体风险的发生多是诸多风险因素和其他因素共同作用的结果，是一种随机的突发现象。个别风险事故的发生是偶然的，但人类对大量的风险事故资料进行长期观察和统计分析后发现，许多风险事件的发生具有一定的统计规律性，使人们可以利用概率统计方法来客观地计算出风险发生的概率和损失程度，有意识、有目的地实施监督和控制。

（三）潜在性和可变性

风险的随机性和不确定性决定了风险的发生仅是一种可能，从可能变为现实是有一定条件的，即风险具有潜在性。现代科学技术的迅猛发展给人们带来了新的不确定风险和新的损失机会，新的风险可能导致的损失往往比自然灾害和意外事故所产生引起的风险损失大得多。随着项目或活动的展开，风险的性质可能会随着事件的进程发生变化，随着人们对风险的认识、预测、防范和应对水平的变化，风险事件发生的概率和造成的损失会发生变化，随着技术的进步、人们管理水平的提高及风险控制措施的有效运用，部分原有风险因素可能会消除，也可能导致新的风险因素产生。

（四）阶段性

风险可分为潜在阶段、发生阶段、后果阶段三个不同的阶段，当风险处在潜在阶段时，潜在的风险对项目没有危害，但如果放任其发展，它将会逐步演变为现实的风险；风险在发生阶段尚未对项目产生影响，应及时采取措施处理；风险在后果阶段已经对项目造成了影响，后果已无法挽回，只能采取措施尽量减少其对项目的危害。

三、风险的分类

为了便于识别风险，对不同类型的风险采取不同的分析评价方法和管理措施，将风险进行分类。按照不同的原则和标准，风险存在不同的分类，如表7-1所示。

表7-1　风险的分类

按风险的性质	纯粹风险	只会造成损失，但不会带来机会或收益	如地震对工程项目的影响，一旦地震发生则只有损失没有收益，若不发生则既无损失也无收益
	投机风险	可能带来机会，获得利益；但又可能隐含威胁，造成损失	现实案例中，纯粹风险和投机风险有可能同时存在
按风险的来源	自然风险	由于自然力的作用，造成财产毁损或人员伤亡	如气候、地理位置等
	人为风险	由于人的活动而带来的风险	又可以分为行为风险、经济风险、技术风险、政治风险和组织风险等
按风险事件主体的承受能力	可接受风险	低于一定限度的风险	项目可以进行，但须采取措施防范风险
	不可接受风险	超过所能承担的最大损失或和目标偏差巨大的风险	应立即停止项目或改进方案等

（续表）

按风险能 否管理	可管理风险	可以预测和可以控制的风险	风险是否可控制和管理，取决于客观资料的收集和风险管理技术掌握的程度，随着数据、资料和其他信息的增加及管理技术和水平的不断提高，一些不可管理的风险，可以变为可管理的风险
	不可管理 风险	难以或不能预测并且超出风险 事件主体控制能力的风险	
按风险 对象	财产风险	财产所遭受的损害、破坏或贬 值的风险	

注：风险还可分为：静态风险和动态风险，基本风险和特殊风险，一般风险和个别风险，微观风险和宏观风险，经济风险和非经济风险，不可避免又无法弥补损失的风险，可避免或可转移的风险等。

四、市政工程项目风险的特点

市政工程项目及项目管理的特点决定了施工过程中存在大量的不确定性因素、随机因素和模糊因素，随着项目的进行不断发生着变化，因此，市政工程项目建设是一项充满风险的事业，且其风险具有如下特点：

（一）客观性

在市政工程项目全寿命周期内尤其是施工阶段，风险几乎是无处不在、无时不有，并且不以人的意志为转移，超越人们的主观意识而客观存在，因此，无法完全回避和消除，只能通过采取各种先进技术手段和有效措施来应对风险，降低风险发生的概率和减少风险带来的损失。

（二）偶然性

市政工程项目中，任何具体风险事件的发生都是诸多风险因素共同作用的结果，通过人们对以往市政工程项目进行长期的研究和统计分析，发现部分风险事件的发生具有一定的概率，但由于人们认识水平有限，个别风险事件的发生仍然是无规律可循，具有极大的不确定性。

（三）可变性

市政工程项目在施工的全过程中，受确定性因素、不确定性因素的影响，随着市政工程建设过程的进展，在采取了有效的控制措施后，部分风险会得到相应的控制与处理，但同时又有可能产生新的风险。

（四）损失的严重性

市政工程项目投资巨大、涉及面广，一旦出现事故，势必造成巨大的财产损失和人员伤亡，引起广泛的社会影响，也间接给项目的经济共同体（业主、承包商、监理、勘察设计、科研单位、地方政府等）的财产和声誉带来损害，而且这种财产损失和声誉的损害短时期内是不可能恢复的，并且直接影响社会稳定。

五、风险管理的含义

风险管理是一门跨自然科学与社会科学的系统化管理科学，它是在现代工程技术和管理学、社会学、行为科学、经济学、运筹学、概率统计、计算机科学、系统论、控制论、信息论等学科的基础上，结合现代建设项目和高科技开发项目的实际，逐渐形成的交叉学科。风险管理是一个完整的、系统的过程，履行的是一种管理的职能。

项目风险管理是在对风险进行识别、评价的基础上，合理地运用各种风险管理方法、应对策略、技术和手段等对项目的所有风险实施有效的预防与控制，妥善处理风险事故所造成的不利后果，以最少的成本保证项目总体目标实现的管理工作。

风险管理的目标是：使项目顺利进行获得成功；为工程建设创造安全的环境；降低工程费用使总投资不突破限度；保证工程总体按计划有节拍地进行，使其在实施中始终处于良好的受控状态；减少环境内部的干扰，使工程总体始终处于良好的受控状态；保证工程建设质量；使已竣工部分的效益稳定。

六、风险管理的流程

风险管理在项目管理中属于一种高层次的综合性管理工作，是分析和处理由不确定性产生的各种问题的一整套方法，国内外文献中对项目风险管理的流程的说法不尽相同，一般来讲，风险管理由风险识别、风险评价和风险应对三个步骤构成。

（一）风险识别

风险识别是风险管理的第一步。风险识别首先明确风险的存在性，运用有效方法和手段对尚未发生的各种潜在风险进行系统的分析、归纳，将导致风险的复杂事物分解成简单、易识别的基本因素，并在众多的影响因素中总结出主要的风险因素，分析其产生的原因和条件，导致的损失后果、影响范围。风险识别确定风险管理的对象，是风险评价和应对的基础，有助于提高风险分析的有效性，有助于制定有效的风险应对策略。

（二）风险评价

风险评价是在风险识别的基础上，进一步综合考虑风险概率和风险损失后果两方面，选取适当评价方法，建立风险评价模型，得到描述项目总体风险的综合指标，并以量化的指标全面衡量系统当前的风险大小，判定系统风险的可接受程度和总体风险的等级水平，准确地表示出系统当前的风险状态，更准确地认识风险，为风险应对提供科学的依据，最终保障项目的顺利开展。

（三）风险应对

风险应对是在风险发生前，从消除风险因素，降低风险发生的概率、风险后果的损失程度等方面，针对已识别出的风险采取控制措施，包括风险预防、风险缓解、风险转移、风险接受、风险回避和风险监控等措施。

第二节　项目决策阶段风险管理

一、工程规划的风险管理

市政工程规划阶段的主要工作包括：线路规划方案、桥梁方案、隧道规模等的拟定与专项审查、工程初步勘察与环境调查等。对此阶段进行有效的风险管理，对市政工程的设计、施工及运营具有重要意义。此阶段的风险管理可以由政府部门或建设单位委托相关工程风险管理咨询单位协助进行风险管理。

（一）风险管理目标

确保工程规划方案与城市总体规划和地理环境条件相一致，最大限度地降低因规划不当而导致的工程设计、施工及运营风险。

（二）风险管理的内容

此阶段的风险管理应重点针对线路方案、工程选址、桥梁方案、隧道规模、工程投资、环境影响等进行分析，对规划中潜在的重大风险可考虑采用修改线路方案、桥梁方案、隧道规模，重新拟订建设技术方案等措施进行风险控制。主要内容包括：

1. 规划方案与城市市政网络协调性风险分析。
2. 交通及客流量预测风险分析。

3.线路、桥梁、隧道选择与工程选址风险分析。

4.场地水文地质与环境调查风险分析。

5.工程重大风险源分析。

6.工程投融资可行性风险分析。

7.不同工程规划方案风险综合评价与控制措施。

（三）工程重大风险源

市政工程的重大风险源主要是指在工程方案规划设计阶段，利用工程初勘和环境调查等技术，辨识工程潜在的对工程自身或周边区域环境产生重大风险影响的关键性工程，具体包括：

1.跨江河湖海的工程。

2.邻近或穿越既有轨道线路（含铁路）的工程。

3.邻近或穿越既有建（构）筑物、道路、重要市政管线的工程。

4.邻近或穿越有重要保护性的建（构）筑物或水利设施的工程。

5.重大明挖或暗挖的工程。

6.邻近或穿越文物保护区的工程。

7.需特殊设计或采用新工艺、新设备或新材料的工程。

二、工程可行性研究的风险管理

工程可行性研究阶段风险管理的内容主要包括：工程可行性方案拟订与施工方法适用性分析等，可以由工程建设相关单位委托专业的风险咨询单位协助其进行风险管理，最后应对工程可行性研究阶段的风险进行综合评估。

（一）风险管理目标

通过辨识和评估工程建设风险，优化可行性方案，避免和降低由于线路、桥梁、隧道、施工方法、规划方案等不合理所带来的风险，为工程设计、施工及保险做好前期准备，初步制定工程风险控制措施，完成工程可行性研究阶段风险评估。

（二）风险管理内容

1.建立工程风险管理大纲，确定工程风险管理具体要求。

2.工程风险评估单元划分。

3.工程风险分级标准和接受准则。

4.对重要、特殊的工程结构设计和施工方案进行风险分析。

5.工程可行性方案风险综合比选，确定总体方案设计，初步制定风险处置对策。

（三）潜在的主要风险源

1. 自然灾害风险（暴雨、洪水、泥石流、飓风、地震等）。

2. 水文地质与工程地质条件。

3. 周边环境影响（包括第三方损失及周边区域环境影响）。

4. 施工方法与施工工期。

5. 项目资金筹措及资金成本。

6. 施工场地拆迁引发的各类工期、投资及社会影响风险。

7. 市政工程运营对其周边区域环境影响风险。

8. 重大关键性节点工程风险。

（四）施工方法选择的风险分析

在工程可行性研究阶段，应对可能采取的工程施工方法加以对比选择与风险分析。针对建设工程类型和特点，同时有多种施工方法可供选择。施工方法选择不当可能会发生重大事故，引发严重的安全、经济、环境和工期风险。

综合考虑市政工程的建设工程规模、水文地质条件、邻近地下及地面环境等因素，从施工方法的可实现性、安全性、适应性、技术性和经济性、工期进度及对周围环境影响等因素进行综合分析，选择合适的施工方法，以期最大限度地控制和减少风险，避免因施工方法不适合所引起的工程风险。

三、方案设计的风险管理

为便于有效开展方案设计的风险管理工作，市政工程方案设计阶段又细分为投标优化设计阶段和总体方案设计阶段：此阶段应识别出特级、一级风险工程，并形成全线特级、一级风险工程清单，识别、分级原则上应考虑到各工点。形成的方案设计文件应包括安全风险初步分析的专项内容。

（一）方案设计的风险管理目标

通过初步识别特级、一级风险工程并有针对性地进行风险分析和设计，规避和降低由于线位和施工工法等方案设计不合理可能导致的风险。

（二）方案设计的风险管理内容

1. 特级、一级风险工程分级及分级清单的审查论证。
2. 投标方案优化设计和总体方案设计文件的审查论证。

（三）方案设计的风险管理职责

1.设计单位负责完成特级、一级风险工程的初步识别和分级，并编制投标方案优化设计文件。

2.建设单位规划设计部门负责组织风险工程分级和方案设计的实施及其成果复审，并协助组织专家对各项目特级、一级风险工程清单及投标方案优化设计文件进行终审、论证。

第三节　项目准备阶段风险管理

一、详细勘察与环境调查风险管理

工程详细勘察与环境调查的主要任务是进行地形地貌绘制、工程测量、周边环境调查、工程水文地质勘察及室内岩土力学试验分析等；工程地质勘察与环境调查的主要目的是为工程设计和施工提供必要的基础数据资料。

（一）风险管理目标

通过对工程地质勘察与环境调查报告的过程审查和论证，控制因勘察遗漏、失误或环境调查不准、室内试验方法及参数获取失误等引起的工程设计与施工风险，同时注意避免工程地质勘察施工或环境调查过程中发生的风险。

（二）风险管理内容

工程地质勘察与环境调查风险管理的内容包括：

1.收集工程方案相关资料，审查工程地质勘察与环境调查单位资质、技术管理文件及报告。

2.工程地质勘察方案风险分析，对勘察孔位与数量、钻探与原位测试技术、室内土工试验方法等进行风险分析。

3.工程地质勘察施工风险分析。

4.潜在重大不良水文地质或环境风险分析。

（三）风险管理责任

工程地质勘察单位和环境调查单位承担风险管理实施责任；建设单位主要承担组织与

协调责任；风险管理咨询单位承担合同中约定的相应咨询责任。

二、初步设计风险管理

工程初步设计阶段的风险管理应以工程地质勘察与环境调查的风险管理为基础，结合选定的规划线路和建设技术方案，重点针对工程结构的具体设计方案、设计参数及施工工艺与技术，考虑工程建设的投资、安全、工期、环境等因素进行风险管理。

（一）风险管理目标

配合工程设计目标和需求，形成符合国家法律、法规和设计规范条例中要求的安全、可靠、经济、适用和技术先进的设计文件，控制并减少由于设计失误或可施工性差等因素引起的工程功能缺陷、结构损伤及工程事故。同时，通过工程结构设计进一步明确重大风险因素源，对其进行专项初步设计。

（二）风险管理内容

主要考虑工程初步设计中水文地质条件、地层物理力学参数取值、结构设计计算模型的采用等方面存在的不当或失误，对由此可能导致的风险事故进行分析。针对不同的风险等级，建设单位和设计单位可采用调整初步设计方案、补充地质勘探、对新技术进行试验研究等措施规避风险。

（三）风险管理责任

工程设计单位承担工程风险管理实施责任，负责完成工程初步设计，确定工程施工方法和安全专项施工技术；建设单位主要承担工程初步设计的组织与协调责任，同时，与设计单位一起承担工程设计方案决策风险管理责任；风险管理咨询单位承担合同中约定的相应咨询任务。

三、施工图设计风险管理

结合工程初步设计方案，考虑具体的施工方法及工艺流程，进一步细化初步设计，以保障工程建设施工。施工图设计阶段风险管理的重点是对已辨识的风险进行有效控制，以及对由于初步设计审查引起方案的变化进行风险评估。

（一）风险管理目标

确保风险源的可靠识别和分级管理，确保施工图设计方案的具体实施，采取合理的施工图设计方案来对风险进行有效的控制，对工程中潜在的重大风险进行施工风险专项评估，提出工程重大风险专项风险管理方案。

（二）风险管理内容

以工程初步设计风险管理内容为基础，针对建设的关键节点或难点工程进行专项研究，尤其须注意采用新材料、新工艺、新技术及复杂区域施工的难点单项工程。对施工图设计中所确定的具体施工流程、风险控制措施等，尽量采用量化的风险评估方法对工程施工图设计中潜在的风险因素及事故进行专项分析。施工图设计阶段风险管理包括：

1.工程施工风险源的辨识、分级与风险评估。

2.重大风险源的专项分析与控制措施。

（三）风险管理责任

工程设计单位承担工程风险管理实施责任，负责完成工程施工图设计，确定工程施工方法和安全专项施工技术；建设单位主要承担工程施工图设计的组织与协调责任，同时，与设计单位一起承担工程施工图设计方案决策风险管理责任；风险管理咨询单位承担合同中约定的相应咨询责任。

四、工程招投标风险管理

（一）招标文件风险管理要点

1.在招标文件中，应包含工程施工技术及其他方面的风险管理要求，确定工程建设各方应承担的工程风险管理责任等。

2.招标文件应明确说明对投标单位的风险管理实施要求。

3.招标文件须包含以下信息：

（1）投标单位在类似工程中进行风险管理的相关信息及其成果。

（2）工程风险管理相关的组织结构与人员安排。

（3）投标单位针对工程施工的风险管理目标概述。

（4）投标单位对工程可能涉及风险的辨识与分析。

（5）投标单位针对工程风险管理提出的措施与建议。

（二）投标文件风险管理要点

在投标文件中，施工单位的风险管理方案和措施应符合招标文件要求。施工单位风险管理方面的要求包括：

1.风险管理的职位安排和人员组织。

2.可考虑和预测到的各种风险。

3.对工程施工方案的风险评估、风险等级划分和风险控制措施等说明。

4.风险管理的日程安排。

5.与建设单位的风险管理体系及风险管理小组的协调。

6.与其他施工单位风险管理方面的协调。

7.与其他部门（如政府部门、质量管理、环境管理部门等）的协调。

8.对分包商的工程风险控制具体要求和管理制度。

（三）合同签订风险管理要点

1.合同条款的完整性分析。

2.以合同为依据，对可能的重点或难点技术方案须明确是否需要进行二次风险评估。

3.工程投资费用及时到位的风险。

4.工程工期提前或延误的风险。

5.重要设备的采购与供货风险。

6.对于未辨识的风险，合同中应包括与之相关的风险管理责任，具体实施或执行方案可通过双方商定，在合同条款中补充说明。

第四节　项目实施阶段风险管理

实施阶段，作为主要的参建单位——建设单位与施工单位各自首先应明确风险管理的内容，然后按照风险管理的流程进行风险管理，必要时可成立工程风险管理小组或委托专业的风险管理咨询单位协助进行项目的风险管理。

一、建设单位风险管理内容

建设单位是工程风险管理协调与组织主体，负责统领工程施工现场风险管理，对工程施工各参与单位的风险管理方案实行审查，监督实施施工过程风险监控、安全状态判定和风险事故处理，对重大安全事故，及时上报上级主管单位和政府部门，启动工程事故应急预案，并负责组织工程现场抢险。具体工作包括：

1.建议成立工程风险管理小组，组织工程建设参与各方共同建立风险管理体系。

2.开展工程风险管理培训工作，并参与工程施工单位的风险管理培训。

3.负责协调、组织和布置工程建设各方开展工程风险管理工作，按照合同规定及时支付工程风险管理费用。

4.建立工程现场风险监控动态管理台账，定期对施工单位的风险管理状况进行督查记录。

5.负责对施工单位的风险管理方案和措施进行审定，其中重大风险的控制须经建设单位评审后方可实施。

6.定期向政府主管部门报告风险管理情况，配合政府主管部门对重要风险管理活动实施同步监督管理。

二、施工单位风险管理内容

施工单位承担工程施工风险管理实施责任。主要负责施工准备期和施工过程中风险源的识别与动态风险评估，编制工程施工管理方案和具体风险控制措施，执行风险管理实施细则及风险事务处理等。根据签订的工程承包合同，具体工作包括：

1.拟订详尽的风险管理计划，制定工程风险管理体系，明确工程风险管理流程。

2.制定工程施工风险实施细则，确定工程施工风险管理的人员组织及人员名单、工作职责。

3.在工程正式开工建设前，根据工程前期阶段已有的风险评估或管理文件和报告，分析施工前期及合同签订阶段中已识别的工程风险及风险控制措施，并考虑企业的施工设备、技术条件和人员，针对新辨识的风险提出相应的风险控制措施。

4.针对风险较大的风险事故，制定工程风险预警标准，列举风险事故发生的征兆现象，编制工程重大风险事故应急处置预案，其中，工程风险应急预案及应急措施应与国家、地方政府及相关的公共应急预案和服务相衔接。

5.制订详尽的工程风险管理培训计划，负责对参与工程风险管理的技术人员进行风险管理培训和指导，并对作业层进行施工风险交底。

6.当工程设计、施工方案或工期有重大变更时，应对工程风险重新进行分析与评估。

7.负责完成工程施工阶段的风险动态评估，研究施工对邻近建（构）筑物影响的风险分析，并梳理重大工程风险，提交施工重大风险动态评估报告。

8.结合工程施工进度，施工单位应及时上报工程施工信息，通告建设各方施工风险状况。

9.施工单位应对与工程施工有关的事故、意外、缺漏等进行调查与记录，分析风险发生原因，评估风险可能对工程既定投资、工期或计划的影响，并迅速完善风险控制措施，避免类似事故的再次发生。

10.施工中当某些风险控制措施的执行可能导致工期延误，或对建设单位造成其他的损失时，须经过建设单位批准后方能实施。

11.施工单位应根据工程特点，明确工程风险管理专项保证费用额度，并承诺专款专用。

三、风险管理小组的管理内容

项目实施阶段，建议成立工程风险管理小组。该小组是由建设单位、咨询单位、设计单位、施工单位、监理单位、监测单位等工程参与各方负责人代表组成的工程现场风险管理最高机构，由建设单位负责领导，实行"分级管理、分工负责、集体决策"制度。在现场应有专职人员开展工作，主要负责现场施工风险管理的组织、督促与协调等责任，同时协助工程风险事故的应急决策与组织。主要职能包括：

1.负责组织工程参与各方开展施工风险管理，负责现场风险管理的沟通与协调。

2.督促与监督工程参与各方风险管理落实情况，配合工程参与各方实现工程动态风险控制。

3.协助工程参与各方进行工程风险决策与控制，及时了解风险现状，发现风险事故征兆。

4.作为风险管理的中枢，一旦发生风险则组织启动相应的风险应急预案。

四、风险管理咨询单位的管理内容

施工阶段是工程风险管理的核心，也是工程风险能否得到有效控制的关键。随着工程进展，风险在不断变化，各项风险发生的概率及其损失也在不断改变。因此，工程施工阶段风险管理应以先期各阶段完成的风险管理为基础，进行风险的动态管理与控制，通过委托专业风险管理咨询单位配合开展工程施工过程中的现场风险管理。其主要职责为承担工程施工风险查勘责任，主要为工程建设单位（或保险单位）进行现场施工全过程的风险动态查勘，汇报现场风险管理现状，预测下阶段风险管理的重点及发展趋势等。

（一）风险辨识和评估

根据工程条件、施工方法及设备条件，按照工程施工进度和工序，对工程风险进行评估和整理，尤其是要对工程的重大风险进行梳理和分析，确定工程风险等级，并对重大风险提出规避措施和事故预案，完成施工风险评估报告。具体包括：

1.工程各分部分项工程的主要风险点。

2.致险因子与风险环境。

3.风险等级及排序。

4.风险管理责任人。

5.风险规避措施。

6.风险事故预案。

风险评估报告应以正式的文件发送给工程建设各方，并经讨论使工程各方对工程风险评估等级和控制对策形成共识。

（二）风险跟踪管理

风险跟踪管理是指对工程风险状态进行跟踪与管理，督促风险规避措施的实施，同时及时发现和处理尚未认识的风险，具体包括：工程总体风险水平的变化、重大风险的发展趋势、规避措施实施情况及风险损失情况等。

风险跟踪的内容主要包括对已辨识风险和其他突发风险的实时观察、对风险发展状况的记录和查询，以便及时地发现和解决问题。记录内容包括：风险辨识人员、风险发生区域、发展状态、是否采取规避措施、实施人员及风险控制效果等。

（三）风险预警预报

现场施工应建立一套系统的风险监控和预警预报体系。特别是对于工程重大风险点，应通过对监测数据的动态管理，及时掌握其发展状态。具体工作包括：

1.根据工程风险特点，确定合理的工程监测方案，制定预警标准。

2.将各监测结果和风险事故建立对应关系。

3.确定基于监测结果的风险评价等级。

4.根据监测结果进行风险的动态评价。

5.如果发现异常或超过警戒值，应及时进行风险报警，采取规避措施，做好风险事故处理准备工作。

（四）风险通告

根据风险评估结果，在每个单项工程施工之前，建设单位应以风险预告的形式，将其中的主要风险点通告施工单位，施工单位应提交专门的风险处置方案，上报建设单位，审批通过后方可施工。

施工现场风险通告是工程风险管理中非常重要的一环，施工单位应在工程现场设置风险宣传牌，对各个阶段的风险点和注意事项进行宣传和教育。现场风险通告应包括：

1.主要风险事故。

2.风险管理实施责任人。

3.致险因子与风险等级。

4.施工人员注意事项。

5.事故预兆。

6.风险规避措施。

7.风险事故预案。

（五）重大事故处理流程

对于重大工程事故，应形成现场风险事故处理流程，明确各方职责和主要任务，确保风险事故发生后，能尽快得到妥善处理。

（六）工程风险文档编写

工程建设过程中应形成专门的风险管理文档。风险管理文档和风险评估报告应作为工程竣工交验的文件。具体包括：

1.主要工程风险及其致险因子。

2.工程重大风险点的规避措施和事故预案。

3.风险事故发生的时间、地点、原因分析、损失情况和采取的处理措施。

4.规避措施的实施责任人、时间和控制效果。

第五节 项目收尾阶段风险管理

一、合同收尾管理

合同收尾就是根据合同一项一项地核对，是否完成了合同所有的要求，是否可以把项目结束，也就是人们通常所讲的项目验收。具体来说，合同收尾是指了结合同并结清账目，包括解决所有尚未了结的事项。合同收尾需要对整个项目过程进行系统的审查，找出合同上签订的事项是否已经完成任务。

二、资料收尾管理

资料收尾是指涉及对项目验收正式化而进行的项目资料的移交和归档。具体包括实施期间的所有项目文档整理和归档，同时还要求所有的项目成员一起来把经验教训、实施心得写成总结，方便日后运营维护工作。

三、周边影响工程收尾管理

1.项目收尾阶段应重点对施工影响范围内周边环境变形进行观测，当周边建（构）筑物等周边环境的正常使用功能遭受影响，或认为有必要对工程环境进行工后恢复处理时，应进行工后评估。

2.工后评估应委托具有相应资质和经验的检测评估单位开展工后评估工作，原则上可考虑由现状检测评估或施工附加影响分析的评估单位承担。

3.当工后评估认为风险工程存在环境安全风险或工程隐患，并影响市政项目的正常运营时，建设单位应组织有资质和经验的设计单位进行恢复设计和施工单位进行修复处理。

4.监理单位负责监督、检查修复施工处理的实施，并按有关程序组织验收。

第八章 道路桥梁工程项目管理优化创新

第一节 道路桥梁建养一体化信息管理

一、公路桥梁信息的分类

桥梁工程项目的信息量大，构成情况复杂，可以从不同的角度对桥梁工程信息进行分类。

按照项目管理工作对象划分，公路桥梁工程信息包括工程系统的总体信息、单位工程信息、分部工程信息、分项工程信息等；按照桥梁结构划分，可分为下部结构、上部结构、桥面系和附属结构信息。

按照信息的内容，公路桥梁工程信息大致可分为技术信息、经济信息、管理信息、法律及其他信息等。根据信息内容属性对信息进行分类和编码，可有效满足项目资料档案收集的需求，实现项目管理各方和各阶段的综合管理。

按照工程实施过程中的一些主要工作环节，公路桥梁工程信息可分为决策阶段信息、设计阶段信息、施工阶段信息和运营管理阶段信息。

按照项目参与方划分，建设工程信息可分为业主方信息、设计方信息、施工方信息等不同主体的信息。

二、公路桥梁建养一体化信息管理

公路桥梁建养一体化信息管理主要从两方面实现桥梁建设目标的整体最优，即建设养护信息管理一体化和参建单位信息管理共享一体化。

（一）建设养护信息管理一体化

建设养护信息管理一体化，是将公路桥梁建设阶段和运营阶段的信息进行集成管理，将设计、施工到最后运营养护的管理信息经过充分交流和控制集成为一个整体，减少公路桥梁建设与运营阶段之间的界面信息流失，使项目信息能准确、充分地传递，使公路桥梁建设各个过程之间及项目各参与方之间进行有效的沟通与合作，实现数据共享。

（二）参建单位信息管理共享一体化

参与公路桥梁建设和养护过程的单位包括业主方、设计单位、施工单位、运营方、政府部门、咨询单位和供应商等有关主体，公路桥梁的建设与养护管理是由各个阶段的参与主体所创建、更新、管理或使用的。在建设阶段，项目各参与主体之间因工作需要而大量、频繁地交流和共享信息，由于各方主体在纵向管理范围有所不同，参与主体在阶段之间的信息交接也是必不可少的。从这个意义上讲，公路桥梁建设与养护管理实际上就是一个工程信息的创建、管理信息共享及应用的过程。因此，基于建养一体化的信息管理模式力图对建设过程中项目各参与主体产生的信息进行有效的梳理，实现在公路桥梁生命周期的各阶段之间、各参与主体之间高效地创建、管理、共享和应用工程信息。

基于建养一体化的信息管理共享，一方面要求加强信息（沟通）管理和界面管理，保证界面之间项目各参与主体之间顺利完成信息交接，使工程信息保持准确和完整；另一方面要求加强各参与主体之间彼此合作，强调各参与主体在履行各自传统职责的同时，以配合运营养护为目的将管理工作延伸至工程建设全过程，加强协同工作，实现参建单位信息管理共享一体化。

（三）公路桥梁建养一体化信息管理作用

公路桥梁工程项目信息应符合管理的需要，有助于项目的管理和实施，公路桥梁建养一体化的信息应符合如下要求：符合专业需要，能够满足不同专业、不同项目管理职能人员的信息需求；反映并符合项目实际情况，项目信息保持准确有用不失真；及时提供和反馈信息；信息通俗易懂，便于正确理解。公路桥梁建养一体化信息管理除具备信息管理的辅助决策、提高管理水平、降低成本和提高工作效率等常见作用外，更强调以下三点：

1.合理组织公路桥梁管理信息资源，实现信息资源的共享

公路桥梁从建设到运营的发展过程中，形成了一定的信息沉淀，如果无法有效组织和管理这些信息，则不能发挥信息资源的优势。为了使这些信息真正成为资源，公路桥梁建养一体化的信息管理通过对桥梁信息的搜集、整理、选择和评价，巧用基于BIM技术的数据管理平台实现信息资源的有效整合，通过将分散无序的数据加工为系统有序的信息流，利用信息管理平台实现项目各参与单位的信息资源共享，为桥梁运营养护提供各种工程信息，实现异地协调和控制，并通过各种方式向人们提供信息服务，发挥公路桥梁信息的作用。

2.信息便于查询与利用

在桥梁运营期间，当通过专业监测系统发现桥梁某技术系统发生故障时，则需要调用设计、施工及变更等所有信息，作为技术人员分析和处理故障的主要信息依据。采用一体

化的信息管理方式，通过对公路桥梁建设和养护信息的合理组织，提供多元化查询支持，不仅提供当前桥梁运营养护管理的信息，同时基于BIM模型提供三维可视化界面，直观提供公路桥梁各工程系统历史的数据资料，便于工程技术人员查阅和决策。

3.收集反馈

公路桥梁建设养护信息的一体化管理，通过积累长期面向桥梁工程的建设、养护、健康诊断信息的记录、汇总和总结，可以为该类项目积累许多数据。这些信息能够为其他桥梁工程养护，尤其是对新建桥梁的工程设计、施工起着重要的参考和借鉴作用，也可以帮助未来工程设计者、施工方及工程管理人员提高能力；另外，随着桥梁管理系统网络化的提高，相关数据信息的上传和更新，也能够为相关桥梁管理部门的数据统计和宏观管理提供数据支持，实现公路桥梁建设养护信息的反馈作用。

综上所述，公路桥梁建养一体化信息管理通过强调桥梁运营维护工作的向前延伸，将公路桥梁建设阶段和运营阶段的信息进行集成管理，减少建设与运营阶段之间的界面信息流失；以项目各参与方为主体，加强信息交流与协同工作，实现参建单位信息管理共享一体化，从而为合理组织公路桥梁管理资源，提高公路桥梁建设和养护管理水平，实现公路桥梁寿命周期的整体目标最优提供信息支持。

三、公路桥梁建养一体化信息管理过程解析

近年来，随着BIM技术的发展，BLM理念的提出为建设项目全生命周期信息管理提供了理论和技术上的支持。BLM通过支持协作性的创建、管理、共享和使用项目相关信息，以全生命周期集成化管理的思想将项目设计和相关信息进行有机集成，为项目增值服务。先分析桥梁工程建设与养护阶段的信息管理过程，包括信息创建、信息加工与存储、信息共享和信息再利用四个环节，然后通过建养一体化信息流程分析，明确基于BIM模型的建养一体化信息流动过程，为桥梁建设和养护管理决策服务。

（一）基于 BLM 理念的建设工程信息管理

建设工程生命周期信息管理（BLM）的理念是2000年提出的，这一思想的提出，从技术上改变了建设工程信息的创建、管理和共享行为与过程，是工程建设领域信息化发展的方向。建设工程生命周期信息管理以BIM为技术核心来推动建设工程设计、施工和运营管理工作中的数字化，从而提高信息在工程参与各方之间共享的程度。

公路桥梁建养一体化信息管理的对象是公路桥梁建设项目各阶段的信息，即寻求最佳方式组织、跟踪、访问和管理公路桥梁项目的设计、建造与运行维护等各阶段内的所有数据及信息，它需要解决目前公路桥梁信息的创建、管理、共享和使用中存在的问题，基于BLM理念的公路桥梁建养一体化信息管理不仅仅是信息管理，相对于传统的信息管理侧

重于信息传输的合理组织和控制，其更密切结合面向公路桥梁项目的协同工作、流程改进和知识管理。公路桥梁建养一体化信息管理过程涉及桥梁工程信息的创建、管理、共享和使用整个过程，需要解决以下问题：

1.信息的创建阶段

基于BLM理念的建养一体化信息管理需要解决公路桥梁设计方案及相关的信息集成问题，包括结构空间规划、成本、物料清单等资源和工程结构关系等，以及这些信息的参数化处理和相互关联处理，目前建筑信息模型（BIM）是解决此问题的重要途径。

2.信息的管理和共享阶段

在这一阶段需要解决信息的分类、文档的产生、桥梁数据的更新，以及信息的安全管理、分发和交流等，以使项目各参与方协同工作。

3.信息的使用阶段

信息的使用阶段需要解决所创建信息的再利用问题，即应具备强大的索引和搜索功能，从信息的最终用户需求角度出发获取信息，将传统的"推"式转向"拉"式，提升信息使用层次，将信息转化为知识，为公路桥梁项目增值提供服务。

（二）公路桥梁建养一体化信息管理的实施

从信息管理角度来看，公路桥梁建设与养护管理实际上就是工程信息的创建，以及管理信息共享及应用的过程。公路桥梁建养一体化信息管理的实施可用五个基本过程进行描述，即信息需求的识别、信息创建（获取）、信息加工和存储、信息共享和信息再利用。现在以BLM理念为指导，重点分析桥梁工程建设与养护的信息创建、信息加工和存储、信息共享和信息再利用过程。

1.建设阶段信息管理过程

公路桥梁建设阶段信息管理过程主要从信息创建、信息加工与存储，以及信息共享三个环节进行分析。

（1）信息创建（收集）

公路桥梁工程项目在整个建设过程中产生大量的信息，对这些工程信息进行管理的第一步就是信息的创建和收集。BIM设计工具创建了参数化设计数据，为桥梁工程全生命期的信息管理提供了可行的技术基础，实现全生命期各阶段的信息管理和共享。基于BIM模型的信息创建主要包括BIM核心、信息的创建，以及技术信息、经济和资源信息、管理和其他信息等附属信息的创建。

桥梁工程BIM核心、信息的创建主要由专业软件系统实现，在设计阶段主要是参数化三维建模，建立结构细化模型，不仅包括桥梁图形信息、设计信息和材料信息等BIM模型创建桥梁工程结构信息等核心信息，还包括通过与BIM模型相结合的信息平台集成创建的相关附属信息（如技术信息、经济和资源信息、进度信息等），是BLM各阶段信息共享和协调工作的基础。

（2）信息加工与存储

原始信息创建（收集）后并不宜直接存储和使用，信息存储之前需要对信息加工和处理，即对与建设项目相关的信息根据不同需要及要求进行选择、核对、分类和汇总，在此基础上生成不同形式的信息。基于BLM理念的信息加工与处理，在强调信息集中管理的同时，主要通过判断、分类整理及编辑与归档保存三方面的工作，获得可供利用和存储的真实可靠的信息资料。

①判断。除了判断创建信息的真实性与准确性外，BIM信息的判断主要包括两方面：一是工程建设需要的信息，宜由业主方牵头组织设计、施工方负责实施；二是从运营养护管理角度出发，由运营方负责判断信息的归档和参考类型。

②分类整理。公路桥梁建设项目参与方众多，从各方面收集到的信息分散而杂乱，采用基于EBS的信息模型能够以统一的标准对其进行分类整理，拓展的编码信息则用于将创建的初始信息按一定的标准，如时间、业务性质等将其分门别类进行整理。

③编辑与归档保存。信息的编辑与归档保存主要是为后期的调用提供便利。基于BIM的信息模型能够通过三维可视化让使用者直观了解桥梁状况，采用统一的编码体系则有助于信息归档的电子化和规范化，以实现数据库对信息的集中管理。

（3）信息共享

传统的信息传递主要依赖人工的方式进行，如专人负责信息的传递，将纸质文件在规定时间内传达到指定方，通过通信方式（如信函、电话、传真等方式）及会议形式进行信息传递。BIM作为一项基于三维的面向对象的工程数据库技术，BIM数据库包含设计意图、设计管理数据、项目资料和建造信息等可视化信息，因此满足了构建信息交换平台的最基本要求。基于BLM的信息共享强调在桥梁工程生命周期内，使工程各参与方能够在线交流信息与协同工作，项目信息门户（Project Information Portal，PIP）为此提供了技术方面的支持项目。信息门户在对工程各参与方产生的信息进行集中管理的基础上，在互联网平台上为各参与方提供个性化建设工程信息的单一入口，项目所有参与方可以通过这一单一入口访问他们所需要的信息，从而使项目信息从传统低效、点对点的沟通方式转变为集中共享，不仅大大提高了信息沟通的效率，项目信息也得以稳定、准确和及时传递，为工程各参与方提供一个高效的信息交流和共同协作的环境。

设计阶段PIP为设计方基于BIM的协同工作提供支撑，各专业工程师改变传统点对点的沟通方式，采用在PIP平台上实现基于BIM的信息集中共享。PIP还为业主方决策提供信息支撑，决策人员通过PIP能够实时掌握工程进展和工程方案实施情况。施工阶段PIP除实现信息共享、协同工作和文档管理等功能外，基于PIP平台集成相关项目管理信息系统，能够在PIP平台上进行成本管理、进度管理、合同管理等项目管理工作。另外，BIM中心、数据库的信息内容也可以通过PIP平台进行共享和发布，并通过PIP平台接收各参与方的信息指令。

基于BIM数据库和PIP信息平台的信息传递与管理模式，使建设项目信息在规划、设计、建造和运营维护全过程充分共享、无损传递，可以使建设项目的所有参与方在项目从概念产生到完全拆除的整个生命周期内都能够在模型中操作信息和在信息中操作模型，进行协同工作，从根本上改变过去依靠文字符号形式表达的蓝图进行项目建设和运营管理的工作方式。

2.养护阶段信息管理过程

公路桥梁养护是一项系统工程，涉及的信息量多面广，针对公路桥梁养护信息过于抽象、分散的特点，将桥梁养护信息进行科学加工与集成共享具有重要意义。桥梁养护信息过程管理也可以从信息创建、信息加工与存储，以及信息共享的角度进行分析。

（1）信息收集（创建）

公路桥梁养护信息可以分为构件信息和业务信息两类。运营阶段公路桥梁的产品数据模型由构件数据模型和业务数据模型组成。构件数据模型是在移交的BIM模型基础上形成的，主要描述公路桥梁构件的状态。构件数据模型信息包括桥梁下部结构、上部结构、桥面系、附属结构信息，以及档案信息和图形信息等基本信息。业务数据模型则用于描述桥梁检测、桥梁状况和评估等动态信息。

构件数据模型信息由在桥梁维护过程中所需和积累的设计与施工信息构成。因此，构件数据模型创建的信息包括结构类型和构件在维护计划、退化诊断、维修与加固阶段的信息。

业务数据模型信息由运营阶段桥梁养护工作产生的信息构成。业务数据模型创建的信息包括：桥梁检查检测产生的数据，桥梁检查检测专业数据信息是桥梁状态评估和养护决策的主要专业数据来源，包括经常性检查、定期检查和特殊检查专业数据及健康监测系统采集的数据；根据桥梁检查数据生成的桥梁评定结果的数据；桥梁养护决策信息及维修加固计划的制订；进行桥梁维修与加固产生的数据；等等。

（2）信息加工与存储

桥梁管理系统的数据库子系统为桥梁养护信息的加工和存储提供了技术支持。一般桥梁管理系统数据库包括桥梁基本数据（桥梁结构、设计数据、施工数据）、检查数据、维修改建历史数据、技术状况数据、费用数据和交通环境数据等。采用基于BIM的数据库技术，在实现传统桥梁管理系统数据库功能的基础上，通过面向对象的、智能化和参数化特点的数字化表示，支持桥梁养护过程中动态信息创建、更新和管理，实现信息可视化表达，为桥梁养护信息加工与存储提供集成化平台。基于BLM的桥梁产品数据模型也可根据判断、分类整理、编辑归档三方面工作进行信息的加工与处理。

①判断。除判断创建信息的真实性与准确性外，桥梁养护信息判断主要包括两方面：一是工程后期维护需要的信息；二是为桥梁设计、施工提供技术参考的信息。由运营方负责判断信息的归档和参考类型，并且与设计、施工方保持长期合作关系。

②分类整理。桥梁养护信息的整理采用动态数据与静态数据的相互转化进行分类整理，对于构件数据模型的信息，主要桥梁构件指将对应的基本数据、检查数据、维修数据、技术状况等数据归类整理。

③编辑和归档保存。桥梁养护信息的编辑归档是一个不断更新的过程，其中构件数据模型的信息经归类后即可累积存储，业务数据模型的信息在信息输入和输出的过程中将相关技术信息归类保存，便于工程后期运营参考和其他类似工程设计、施工的借鉴。

（3）信息共享

相对于桥梁养护管理，桥梁建设阶段参与方多、信息量大，基于BIM的PIP为不同参与方之间的交流和信息共享构建了面向桥梁建设全生命周期信息管理的协作平台。桥梁运营方在建设阶段基于BIM的PIP平台上实现桥梁建设信息共享之外，桥梁养护信息的共享则由基于BIM数据库的产品数据模型实现不同于传统的桥梁管理系统。基于BIM数据库的桥梁3D产品数据模型最大的特点是提供一个可视化直观界面，作为进入海量桥梁信息库的窗口，具备强大的索引和搜索功能，为相关方信息查阅提供支持。

传统桥梁养护管理从运营阶段开始，相关养护信息也是在运营阶段开始创建和管理；基于BIM数据库的产品数据模型在整合桥梁维护过程中所需和积累的设计与施工信息基础上，不断更新桥梁构件在维护计划、退化诊断、维修和加固阶段的信息，其面向桥梁工程对象的设计、施工、养护一体化信息，实现桥梁全生命周期的信息传递，特别是桥梁运营期间的检测评估后的信息共享，为相关设计、施工与养护等部门提供反馈信息，实现桥梁建设与养护之间的信息共享。

产品数据模型中的业务数据模型可以有效与传统的桥梁管理系统相结合，实现业务间的信息共享；产品数据模型与健康监测系统相结合——在产品数据模型上结合桥梁健康监测布局，实现桥梁基本数据信息、业务数据信息、健康监测信息一体化，实现BIM数据库、桥梁管理系统和健康监测系统间的信息共享。

3.信息再利用

对于建养一体化的公路桥梁而言，信息的价值在全生命周期各个阶段的体现也有所不同。在决策阶段，信息的价值在于明确定义一个项目，并为后续阶段提供决策信息；在设计阶段，信息的价值在于为招投标、施工和运营阶段提供准确而完整的项目信息；在施工阶段，信息的价值在于根据项目目标进行各项管理活动并指导施工避免因信息的错误导致不必要的浪费；在运营阶段，信息的价值在于辅助运营管理及资产的保值增值。

①信息管理平台的应用能够减小数据手工输入造成的错误。采用信息管理平台实现了信息再利用的"一次录入，多次使用"，这就避免了传统信息在过程界面或组织界面都需要重复手工录入的情况，从而减少了手工录入造成的信息错误工作。

②基于EBS的编码体系减少信息冗余。信息再利用是根据需求对信息的多次使用，由于EBS编码体系的固定性，只须对录入的一套信息进行维护就可以满足多方的需求，这不仅减少了信息总量，也降低了信息搜索与维护的成本。

③提高信息准确性，准确反映桥梁状态。传统公路桥梁各阶段都是利用本阶段录入的信息，在桥梁生命周期内存在多种表达同一构件的信息，当信息变更时，无法及时反映给其他相邻阶段，造成信息时效性和准确性下降，无法准确反映桥梁状态。

第二节　道路桥梁施工项目管理模式优化

影响项目管理稳定运行的现实因素有很多，只有促进其内部各个应用环节的协调，健全相关工程管理模式体系，相关的工作人员能够足够重视这个问题才能确保项目的安全运转。公路桥梁项目建设是国家基础建设中主要的组成部分，所以进一步严格管理公路工程是十分必要的。工程项目管理的最终结果与企业的最终经济利益是相辅相成的，所以健全公路桥梁施工项目管理体系是当今工作的重点内容，有必要加强项目管理的重视程度。

一、公路桥梁施工项目管理模式的内涵

公桥梁路施工项目管理模式，简单地说是施工企业对公路桥梁施工项目建设全过程进行计划、协调、指挥、组织与控制活动而建立的项目管理模式，是为了实现工程项目安全进行，确保工程平稳开展。如果按照项目管理的层次划分，公路桥梁施工项目管理模式可以分为具体模式和总体模式。公路施工企业分公司对项目部、总公司对分公司在资源配置等总体方面所形成的管理模式称为总体模式。具体到项目实施每个环节的管理模式，是公路施工企业项目管理中的具体模式，包括机械设备管理模式、物料管理模式、人力资源管理模式、信息管理模式、风险管理模式、合同管理模式、进度管理模式、安全环保管理模式、质量管理模式、技术成本管理模式、技术管理模式等。

二、公路桥梁施工项目管理的特点

（一）公路桥梁施工项目管理的基本概念

从实质上来说，公路桥梁工程施工项目管理的概念是项目管理的一个分支，其主体是施工单位，目标是保证施工环节安全有序进行，主要内容包括控制好施工质量、施工制

度、施工成本等方面，以及管理好信息、合同、安全等方面。其优点在于能将工程建设中的重点和难点凸显出来，以便管理人员能够很好地把握，还能协调好组织内部的关系，确保公路桥梁施工工序的顺利进行。

（二）公路桥梁项目管理

公路桥梁工程施工项目管理所涉及的范围较为明确和固定，所以其特点更加具体和鲜明，而一般项目管理的特点更加模糊，难以分辨。公路桥梁项目管理的特征如下：

1.多变性

施工人员受教育程度的不同决定了其综合素质的不同，这就会导致工作态度不一致，有的拖泥带水，有的严格认真，而项目管理的任务是随着施工阶段和施工条件的改变而变化的，这就是多变性存在的原因。

2.复杂性

主要由于工程项目突发状况多，没有规律性，加上管理的内容繁多，导致不利于管理。

3.协调性

协调性也是项目管理的基本要求，保证各项工作协调有序进行是公路桥梁工程项目管理的主要目的，保证整个公路桥梁施工活动有效开展，只有在满足上述基本前提才能进行。从项目管理理念出发，在合适的合同条款下应用合理的技术，满足公路桥梁工程的设计要求，是工程项目管理最基本的内容。

（三）公路桥梁施工项目管理状况

1.管理模式

良好的管理模式的创建直接决定了施工项目的管理质量的好坏。制定合理的管理模式时，要结合多种要素进行考虑，但我国现如今的情况比较滞后，公路桥梁项目管理模式大多还在采用计划经济的方式。这种模式下多以硬性指令和行政为主，人性化的因素较少，没有以科学合理为出发点，也没有落到实处。没有科学的依托，就只能在建立管理模式时多依存以往的自我思想和经验意识，虽然并非完全不合理，但很容易带来管理上不必要的失误。

2.人员素质

在工程施工时，人员的素质直接影响管理水平的高低。由于公路桥梁工程规模浩大，所涉及的人员众多，当素质低的施工人员达到一定比例时，很容易造成一些难题，使事故发生的概率增大。工程建设队伍层次结构不合理，加上管理人员水平也较低，大多是中专或大专学历，在处理紧急情况时显得手忙脚乱，没有足够的专业管理技能和先进的经验应对面前的难题，造成更大的损失。不论施工的技术人员还是管理人员，都应当被重视起来，同时也要提升他们的综合素质和专业技能。

3.安全事故频繁

在公路施工中安全事故较为频繁甚至造成了严重的后果，这是公路建设的施工环境所决定的，因为它的特殊性再加上没有足够的安全措施就会出现以上问题。就目前情况来说，很多单位急功近利从而大大缩减成本，在施工中的一些安全措施不够完整，对一些安全教育不够重视，安全设施也做得不到位，甚至对施工现场的安全监督有所欠缺，这一系列的原因就会造成安全事故频繁发生。为了避免给周围的居民带来不好的影响，应不断加强在此方面的工作并给予足够重视。

4.管理公路桥梁施工项目的策略

施工项目的管理模式决定了其管理水平，为了使项目施工的管理水平能够有效提高，就要先对管理模式进行改革。管理理念、管理体制及管理技术三部分构成了管理模式。首先，对管理理念进行更改，运用创新的理念追求更合理的管理。其次，对管理体制进行改革，拥有更具有实际意义的管理模式。目前的管理体制本身存在许多问题，因此要将其与实际结合起来改革管理体制。最后，对管理技术的改革，使其能够达到较高的水平。

随着科技的进步与发展，互联网已经进入各个行业，同时带给各个行业不同的变革。当然，互联网也同样进入公路桥梁的施工项目中，关于此项目的一些数据资料进行网络同步可以对其储存和共享。虽然目前是高科技的时代，但是高科技也同样需要人员进行管理，一些机械不可能拥有人的智慧，做不到随机应变，所以根本上就要不断加强对人员的管理。我们的计划方向就是要将每一位员工的积极性激发出来，并采用奖励的方式进行鼓励引导，同时相关部门的管理者有很强的带头指挥能力，从而能够做好人员管理。好的施工环境会加快施工的进程，而差的施工环境就会对项目的进程造成延误，严重时还会对人员造成不同程度的伤害。工程的施工质量也会因为施工环境受到影响，严寒酷暑的天气状况都影响施工的有序进行。在环境较为恶劣的情况下，员工就不能按时完成工程，这就会对项目的进展产生影响，严重时还会威胁员工的生命安全。在炎热的夏季，为了员工能够更好地施工，相关部门就要采取防暑措施，为他们准备凉快的休息场所，同时遇到高温时要停止施工；在寒冷的冬季，为了降低对员工造成的影响，相关部门就要做好保暖措施，确保员工能够正常施工。

第三节　道路桥梁施工技术优化管理

随着我国经济不断发展，公路网络已基本成熟，方便了人们的出行和生意往来，与此同时，公路桥梁建设中的质量问题也十分突出，并引起了社会的广泛关注，因此当前公路桥梁建设的质量成为公路桥梁建设的重中之重。

一、公路桥梁施工技术管理的必要性

公路桥梁是我国交通运输的重要通道，对经济发展和生活水平的提高发挥一定的积极作用。对公路桥梁进行施工技术管理不但可以保证质量，还可以提高施工效率。施工管理就是确保相关项目能达到投入使用标准的重要举措。施工管理贯穿公路桥梁项目建设的始终，并且涉及公路桥梁建设的方方面面：具体到实践操作环节，前期包括制订施工方案和施工管理制度，中期对施工过程进行监督，以及施工完成后的质量验收。就施工过程的本身来说，公路桥梁的施工管理还要对施工过程所用到的材料及设备进行检查，同时还有施工人员的调配和操作规范等，这些都对公路桥梁的质量至关重要，必须重视施工管理对于公路桥梁建设质量的重要性。

二、公路桥梁施工技术管理的要点

（一）路基的施工技术管理

路基的施工技术管理，主要的问题无外乎基地的处置。进行基地处置的关键就是进行基地的压实工作，在压实时必须严格遵守施工规范，根据定额选择合适的压路机，并根据实际的路况选择合适的机械设备，如果路段太宽，需要选择大吨位的压路机。

（二）路面基层的施工管理

做好路面基层的施工管理：其一，进行冬季备料工作，原材料的质量必须进行严格的审查，对于质量不达标的原料，不但不能使用，而且禁止任何人将不达标的材料运进施工场地，有关单位要发挥其质量监管作用，引导有关的工作人员进行质量监管工作，每天对施工场地中的原料质量进行抽查；其二，进行摊铺工作时，可以采取人工摊铺、摊铺机施工结合的工作方式，确保两处的拌和站能够同时进行材料的供应，将所有的人力、设备积聚在一起，打开作业面；其三，对标高进行严格的控制，保证基层厚度，以便使基层质量可以满足施工需求；其四，如果进行施工的交通路段无法进行封闭，就采取边通车边施工的方法，但是需要做好有关交通路段的管制工作，以免影响路段施工。

（三）桥梁工程的施工

重视桥（涵）隐蔽工程的施工，可以选择十分有经验的工程师进入工地，负责其质量监督工作。另外，加大旁站的监管力度，如果发现问题，立即组织技术人员协商解决。

模板在支立前，必须先对其校正、除锈；在模板支立后，还要对其进行涂脱模剂。工作模板、支架进行安装时，必须保证其坚固、稳定，模板尺寸必须合格，不会产生变形的情况。至于模板缝隙的处理，一般使用贴胶纸、刮腻子的方法解决。如果成品混凝土构件表面存在不密实、漏筋、蜂窝麻面或者质量缺陷严重的问题，必须停止使用。

（四）附属工程

对于水泥混凝土护坡工程来说，主要有两个要点：一是护脚，采用逐段的方式，明确顶面标高，以保证其能够深埋在自然地面下；二是护坡基础施工，路基采取超宽30cm压实后刷坡，保证边坡坡面的密实度。

三、公路桥梁施工技术优化管理的对策

（一）做好公路桥梁施工技术优化管理的准备工作

通过分析，公路桥梁施工技术管理的准备工作主要包括以下三个要点：

1.制定施工标准、技术标准及管理制度

制定相关标准时，在严格按照国家法律规定的文件执行的前提下，结合实际情况做出适应工程施工的各项标准。

2.组建一支功能齐全的施工技术管理团队

相关的领导管理人员除了拥有扎实的专业知识外，还要具备多年的领导管理经验，能够对大型工程项目进行有条不紊的管理指导。

3.施工技术资料管理

对收集的相关资料进行分类和管理，制定一套适用于本工程的档案管理制度，为公路桥梁的施工提供依据，也可为以后的相关项目积累经验。

（二）建立健全的公路桥梁施工技术管理制度

1.技术责任制制度

明确每个工作小组和每个工作人员的职责，将施工质量的总目标分解为每个小组、每个施工人员的小目标，进而提高公路桥梁建设人员的工作积极性和热情，同时建立与之相应的质量考评制度，以提高全体人员的质量意识。

2.施工图纸会审制度

图纸是工程项目施工的直接依据，因此施工图纸必须保证其科学性，在施工图纸拟定下发后，相关的技术人员和管理人员必须对图纸进行仔细审查，确保工程进行施工的科学

性、经济性和可行性。如果存在漏洞，一定要及时指出，经过再次研究后进行改正。

3.技术交底制度

在施工过程中，技术人员一定要对施工图纸进行仔细研究，然后将相关的技术和工艺对一线施工人员进行明确传达，使每个施工人员都能对施工流程、施工质量目标及操作规范等进行全面认识。与此同时，还要使施工人员对一些施工所用的材料、标识及混合比率等熟悉掌握，对这些交底的内容进行详细记录并存入档案，以便以后进行技术控制。

4.工程变更制度

可以通过制定工程变更制度促使施工方案的调整，节省开支，提高质量和工作效率。

（三）做好施工质量的检查和验收

为了对项目的质量进行严格把控，在每道程序完成后，都要依据标准对完成质量进行检查，如果合格方可继续进行下一道程序的施工。另外，在项目施工过程中，一定要深入施工一线：实行现场的监督，发现操作不当时，马上进行纠正指导，如果失误十分严重，可以停止该项目，待专业人员进行合计后，按照新的整改措施继续施工，要严把质量关。由于公路桥梁项目是一项十分复杂的大工程，隐患众多，分项检查更能确保质量，有十分积极的意义。在工程桥梁施工完成后，要组织人员对工程进行验收，在分项检查的基础上再对整体进行检查，双重检查确保公路桥梁的质量。在验收前，要对验收所需的设备进行准备，如分项检查资料、施工中的往来文件、施工图等一系列的资料。

（四）加强对施工的档案管理

从工程准备阶段一直到工程竣工完成验收，在这一过程中产生的各种资料都需要进行归档整理。具体来说，需要存档整理的资料有施工过程中的新工艺和新材料、施工图纸、施工组织设计、竣工图纸、施工原始记录及其相应的统计资料、施工中出现的重大问题及相应的解决措施、实验研究结果，以及相关资料、施工标准、技术标准、管理制度等，这些材料具有十分重大的意义，不但可为以后公路桥梁的保养加固提供依据，还可以为其他项目的施工提供参考和经验。

综上所述，对公路桥梁进行施工技术管理是十分重要的，是促使公路桥梁安全性和长久性的重要保障。目前，我国一直强调又好又快发展，对于公路桥梁的建设来说也是如此，首先在计划建设时，就要做好各项准备工作，然后在工程开始后严格进行质量监管，在工程竣工后做好验收工作，这些都是当前公路桥梁施工的讨论重点。

第四节　道路桥梁工程中合同管理优化

公路桥梁工程在施工的过程中，合同管理起到了至关重要的作用。通过合同管理，不仅能够明确施工单位应承担的责任及义务，还能够有效地对工程成本进行控制，从而减少成本消耗，降低经济损失。合同双方以公路桥梁建设相关事项为中心而达成一致意见所签订的协议即桥梁工程合同。工程合同管理有多个环节，审核合同签订、管理和解决合同纠纷等环节都包括在其中。

一、工程合同管理所涉及的内容

（一）合同管理

当合同签订完毕后，作为合同管理人员应着手合同的管理工作。由于合同内容所涉及的都是施工方案和桥梁设计、桥梁走向和位置，而合同管理人员并没有掌握相关的知识，因此在管理合同的过程中，管理人员的主要任务就是配合项目经理，同其一起分解项目，明确各方的合同责任。

（二）解决合同所发生的纠纷

在公路桥梁工程中，合同管理不能缺少的内容就是界定合同纠纷及合同纠纷的解决。由于工程合同与多个利益方有极其密切的联系，容易发生各种纠纷，所以企业要对此引起足够的重视，并采取有效措施将其解决，从而顺利地开展工程建设工作。目前，很多工程因发生合同纠纷而不能按期开展工作，从而给施工企业造成损失。解决工程合同纠纷一般有以下几种形式：第一，协商。也就是纠纷方与合同管理人员进行协商，在履行条款及索赔方面统一意见，从而将纠纷妥善解决。第二，仲裁。也就是合同管理人员按照双方所签署的仲裁协议或者按照规定的仲裁条款，以仲裁的方式解决纠纷。第三，诉讼。一般情况下，合同管理人员所提出的诉讼都是借用企业名义，然后由法院判决，从而将合同纠纷解决。

二、在管理公路桥梁工程合同时出现的问题

随着时代的发展，近几年桥梁工程的合同管理模式也逐步趋于完善，并且收到了显著的成效。但从实际情况来看，依旧有一些问题，从而对合同整体的管理质量和效率产生影响，具体分析如下：

（一）缺乏专业的管理人员

合同管理的技术及专业性非常鲜明，但很多施工企业并没有针对工程项目配备专业的合同管理人员。从整体上来讲，合同管理人员的整体素质偏低，其不仅不具备相关的法律知识，没有掌握应有的技能，而且缺乏合同管理的相关经验，这对桥梁工程的合同管理极

其不利。

（二）合同条例缺乏规范性

在签订合同的过程中，企业的管理层人员没有形成足够的法制意识及法制观念，没有对防范合同风险引起足够重视。与此同时，其在合同中没有明确签订双方需要承担的义务和责任及所享有的权益，致使合同条款不够系统及规范。另外，由于企业并不重视合同管理，所以极易引起法律纠纷。

（三）不健全的合同管理机制

第一，因建立的合同管理机制不够健全，合同管理存在主体错位的问题，无法合理地进行管理分工，所以无法保障践行合约条款的效果；第二，很多施工企业在合同签订完毕之后，一般会将全部的注意力放在项目施工上，而没有全方位地研究合同，也没有重视合同的履行。

三、进行合同管理的有效措施

（一）引进高素质的管理人员

施工企业应对高素质、专业能力强的合同管理人员进行配置。因合同管理这项工作与法律方面的内容相关，所以作为管理人员还应掌握关于合同管理的法律知识，这样才能够更好地开展相关工作。特别是当前，证书机制大力实施，只有合同管理人员达到相关的要求和标准，才能够被颁发相关的资格证书，所以施工企业应确保人人持证上岗，这样才能够保障其开展工作的质量。

（二）不断对合同管理的制度进行完善

要将合同交底的制度建立起来，要求签订好合同之后，管理合同的人员要向管理项目的人员交底，并对合同的要求和条款进行说明，让其明确合同在履行过程中企业需要承担的义务及需要预防的相关事项，从而最大限度地避免纠纷。与此同时，要使责任制得以落实，管理合同的人员应明确项目组应承担的合同责任，并让其严格履行。另外，要将分包合同的监管制度建立起来，通过这样的方式能够有效地监督分包单位履行合同的相关情况，从而确保合同高效履行。

（三）合同拟定

拟定合同时，应注重以下几方面内容：首先，当达成一致意见之后再拟定合同；其次，针对重要合同，应设立专门的谈判小组对合同进行谈判，必要时还可聘请外来专家进行咨询；再次，合同内容涉及财务问题，应聘请专业的财务人员参与其中；最后，完成拟定之后要向相关部门呈交，让其开展审核合同的工作。一般需要审核以下几方面：第一，审查合同的合法性，也就是审查桥梁工程的建设方案及相关工程有无超出法律的界限；第二，审查工程有无完备的手续，包括施工许可证及施工建设场地的使用权限证件；第三，审查合同和相关资料是否齐全；第四，审查合同权利和义务有无明确界定。

（四）实时管理合同履行情况

在项目工程施工开始时，要全面且系统地分析合同条款，与此同时，要实时地监管合同履行情况，这样能够在第一时间获得关键的信息。然后以这些信息为依据进行判断和分析，确保按期完工，保障工程整体的质量。另外，通过实时监督，能够尽快找到问题，并采取有效措施将其解决，从而使合同管理的职能得以有效强化。

（五）防范合同的违约

在桥梁工程中，除了要对内部履行合同条款的情况进行实时监督，还要对违约的相关行为引起足够的重视。从实质上来讲，也就是在制定合同的过程中，要重视相关事项，并加大审查力度，防止发生违约行为。另外，当施工企业同业主意见不一致时，作为合同管理人员要做好协调工作。监理单位应充分发挥好自己的监督职能，使各方的利益得以保障。

（六）合同管理索赔

在合同签订的过程中，承办人应以纪要形式记录合同隐藏的风险，并作为合同核心内容，在具体的施工过程中，要同现场具体情况相结合，当发现可索赔时，要在第一时间索赔。认真履行合同条约，同相关法律要求相结合，对自身的合法权益进行维护。

（七）应用法律武器进行维权

即使做好了所有的准备工作，也不可能完全排除客观因素所造成的影响。在桥梁施工过程中，极易受到地质、水源及天气等因素影响。当问题出现或者利益被损害时，公司可聘请专业法律顾问应用法律武器为自己维权。当签署合同之后，就会形成法律效力。一旦单方面不遵照合同或者违约时，就应接受法律制裁。

（八）强化合同文件管理

一般情况下，工程建设都有极长的周期，涉及多方面内容，当发生复杂情况时，都须参考资料和合同，所以针对合同及相关文件，相关人员应加大管理力度，在各个环节落实管理工作，防止出现差错。与此同时，因为科技不断发展，在保存资料文献及合同时，可借助一些信息技术手段，这样不仅能够减轻工作人员的工作量，还能够使管理水平得以提升。

综上所述，公路桥梁工程有非常长的施工周期，且相对来讲，其需要应用极其复杂的技术，所以在工程建设的过程中要使合同管理工作在每一环节得以落实，将合同管理的相关制度建立起来，并使其不断完善，同时要加大力度进行合同的动态管理，只有这样才能够保护各方的切身利益。

参考文献

[1] 刘杰.人权：中国道路[M].北京：五洲传播出版社，2023.

[2] 李瑞环.中国特色社会主义道路[M].北京：中国人民大学出版社，2023.

[3] 李彩霞.钢筋混凝土施工技术[M].2版.北京：人民交通出版社，2023.

[4] 刘喜敏，成晟.道路交通控制技术[M].北京：机械工业出版社，2023.

[5] 邹铁方，胡林.道路交通事故分析技术[M].北京：机械工业出版社，2023.

[6] 周建国，宋广骞，杨海燕.城市道路建设与管理[M].长春：吉林科学技术出版社，
      2022.

[7] 张君瑞，林智，左宝仪.道路桥梁工程技术研究[M].长春：吉林科学技术出版社，
      2022.

[8] 刘斌，苏宝良，李传琳.道路桥梁工程建设与维修养护[M].汕头：汕头大学出版社，
      2022.

[9] 任初轩.中国道路优势十八讲[M].北京：人民日报出版社，2022.

[10] 刘东波.城市道路交通组织精细化典型案例汇编（第二辑）[M].北京：机械工业出版
      社，2022.

[11] 张立立，王芳，赵琦.城市道路交通主动控制技术[M].北京：机械工业出版社，2022.

[12] 唐兴荣.道路工程课程设计解析与实例[M].北京：机械工业出版社，2022.

[13] 张占斌，王海燕.关于中国式现代化道路的答问[M].北京：国家行政学院出版社，
      2022.

[14] 周玲.道路工程[M].西安：西安交通大学出版社，2022.

[15] 程建川，卞凤兰.道路勘测设计[M].北京：机械工业出版社，2021.

[16] 王红.道路路线设计[M].武汉：武汉理工大学出版社，2021.

[17] 刘广萍.道路交通控制理论体系研究[M].北京：中国人民公安大学出版社，2021.

[18] 黄煜镔.道路与桥梁工程试验检测技术[M].重庆：重庆大学出版社，2021.

[19] 王渭峰，何有强，吴晶.道路与桥梁工程试验检测技术[M].长春：吉林科学技术出版
      社，2021.

[20] 刘玉增，管满泉.道路交通秩序管理[M].北京：中国人民公安大学出版社，2021.

[21] 樊兴华.道路工程试验与检测道路工程类（智媒体版）[M].成都：西南交通大学出版
      社，2021.

[22] 廖明军，孟宪强.道路勘测设计[M].北京：机械工业出版社，2021.

[23] 张小成，黄文理，黄洪发.道路桥梁与城市交通建设研究[M].长春：吉林科学技术出版社，2021.

[24] 李英娟，丁同强.道路交通安全评估方法及应用[M].长春：吉林人民出版社，2021.

[25] 刘扬，杜明义，高思岩.道路实景影像专题信息提取方法及应用[M].武汉：武汉大学出版社，2021.

[26] 杨寿君，刘建强，张建新.城市道路桥梁建设与工程项目管理[M].长春：吉林科学技术出版社，2021.

[27] 王岩.道路交通安全过程基础理论与应用[M].北京：机械工业出版社，2021.

[28] 姚波，王晓.道路工程[M].南京：东南大学出版社，2020.

[29] 孙吉书.道路工程[M].北京：中国建材工业出版社，2020.

[30] 石振武，程有坤.道路经济与管理[M].2版.武汉：华中科技大学出版社，2020.

[31] 马云峰，石喜梅.道路工程制图与AutoCAD[M].天津：天津大学出版社，2020.

[32] 廖明军，张永强，李丹丹.道路勘测设计[M].武汉：武汉大学出版社，2020.

[33] 杨彦海.道路工程施工技术[M].沈阳：东北大学出版社，2020.

[34] 于洪江，李明樾.道路工程施工技术[M].重庆：重庆大学出版社，2020.

[35] 张俊红.道路建筑材料[M].重庆：重庆大学出版社，2020.

[36] 王国福，赵永刚，武晋峰.道路与桥梁工程[M].长春：吉林科学技术出版社，2020.